MW00699138

¨Jonathan Leeman nou kouman pou nou lave yo. Anplis de sa, li pèmèt li antre nan espas difisil aplikasyon pastoral, ki va pwovoke yon deba entèresan. Plis mwen li li, plis mwen konvenk tèt mwen. Liv sa a pa va desepsyone ou. Konsis e biblik, saj e pratik. Sa a se liv ki pale de disiplin ke nou tap tann nan!¨

MARK DEVER,
Pastè prensipal nan Capitol Hill Baptist Church, Washington, D.C.

¨Se yon ti kras nan liv yo ki pale de disiplin legliz la ki genyen fondman nan Bib la, ki pastoralman adekwa e ke yon kontinye enprime jounen jodi a. Mwen pa konnen okenn lòt ki tèlman presi, ki tèlman espesyal nan pratik e ki tèlman plen ak etid ka yo ki reyèl de kouman legliz yo ta dwe trete ak gran varyete sitiyasyon komin yo. E si sa pat sifi, Jonathan Leeman benefisyàman presi e remakableman klè. Mwen rekòmande li anpil! ¨

CRAIG L. BLOMBERG,
gran Pwofesè Nouvo Testaman an nan Denver Seminary

¨liv sa eksepsyonèl e teolojikman inik nan jan li. Jonathan Leeman moutre kouman disiplin eklezyal la se yon pati esansyèl anndan pwosè disiplinè a e, poutèt sa, se yon ekstansyon predikasyon levanjil la menm. Leeman ansenye nou ke pwen de vi nou de pa yo ke nou dwe fè yo eksesivman jis e sa anpeche nou dirije moun yo a la repantans ki mennen nan lavi a. Ansyen nou yo panse itilize liv sa a tankou yon modèl. Mwen kwè ke sa a se va travay definitif la sou disiplin nan legliz la ".

J. D. GREEAR,
Pastè prensipal The Summit Church, Durham, Kawolin di nò

"Youn nan aktivite ke yo plis bliye nan legliz jounen jodi a se souministrasyon disiplin ak lanmou, vanyan e redanmtè. Liv sa a ban nou yon vizyon klè ak yon gid pratik pou aspè vital sa a ki nan lavi a ansanm ak kò Kris la. Mwen te wè anpil moun ki te delivre anba peche ki pike nan legliz yo ki pratike prensip sa yo. Priyè mwen se pou plis legliz toujou angaje yo ankò ak misnistè redanmtè sa a".

KEN SANDE, Prezidan Peacemaker Ministries

"Toutotan jou sa a kote, ke pa definisyon, Legliz Senyè a vin yon Legliz disipline, li va kontinye an gran pati tankou yon Legliz endisipline a. Jonathan Leeman, nan Ministè 9Marks, te ban nou yon gid enpòtan e pèspikas ki konsolide legliz ki an bòn sante nan egzèsis lanmou an bazikman, disiplin nan ak responsabilite nou tankou kretyen. Pastè ki vle genyen yon legliz an bòn sante va resevwa anpil benefis nan lekti liv sa a".

PAIGE PATTERSON,
President Southwestern Baptist Theological Seminary

"Jonathan Leeman se yon obsèvatè avantaje nan Legliz kontanporen an. Nan liv nesesè sa a ki pale de disiplin eklezyal la, li konbine verite biblik ak saj konsèy. Si ou te pè pou trete koze sa a nan legliz ou, oubyen si ou pat sèten sou kòman ou dwe korije sen pechè yo ak lanmou, liv sa a va ba ou baz biblik ak konsèy pratik ke ou bezwen pou ou ka koumanse kòrèkteman. Liv sa a va reveye imajinasyon ou, li va estremesi nanm ou e li va klere chemen ou".

THABITI M. ANYABLWILE,

Pastè prensipal nan First Baptist Church nan Gran Cayman; otè liv What is a Healthy Church Member? (Kisa sa vle di pou manm legliz ki an sante?)

DISIPLIN NAN LEGLIZ LA

Disponib tou:
¨DWA MANM LEGLIZ LA:
KOUMAN MOND LAN KONNEN
KILÈS KI REPREZANTE JEZI¨
pa Jonathan Leeman.
Nan seri 9Marks Pandan yap edifye
legliz ki an sante.

DISIPLIN NAN LEGLIZ LA

KOUMAN LEGLIZ LA PWOTEJE NON JEZI

JONATHAN LEEMAN

Disiplin nan legliz la: Kouman legliz la pwoteje non Jezi
Copyright 2012 pa Jonathan Leeman

Pibliye pa 9Marks
525 A Street Northeast, Washington, D.D., 20002, Eta Zini
Pibliye pou premye fwa an anglè nan ane 2012 pa Crossway, 1300
Crescent Street, Weaton, Illinois 60187, ak tit
Church Discipline: How the Church protects the name of Jesus

Tradiksyon a kreyòl : Darren Truel Desen kouvèti a: Dual
Identity Inc.

Amazon ISBN: 978-1727513332

TAB MATYÈ

PWOLÒG SOU SERI A

Èske ou kwè ke se responsabilite pa ou pou ede edifye yon legliz an sante? Si ou se kretyen, nou kwè ke ou sa vre.

Jezi òdone ou pou fè disip (Mat. 28: 18-20). Jid egzòte ou pou edifye sou la fwa (Jid 20-21). Pyè rele ou pou itilize don ou yo pou sèvi lòt yo (1P. 4:10). Pòl di ou pou swiv laverite nan lamoun pou legliz ou ka gen matirite (Ef. 4:13,15). Èske ou konprann poukisa nou di ke se responsabilite pa ou a?

Menm jan si ou se manm legliz la oubyen lidè legliz la, liv seri "Pandan legliz ki an sante yo ap edifye" pretann ede ou pou satisfè kòmandman biblik sa yo pou ou ka kolabore nan edifikasyon yon legliz an sante. Nan lòt mo, nou swete ke liv sa yo ede ou plis pou ka renmen legliz ou, tankou Jezi renmen li a.

9 Mak yo planye pou pwodwi yon liv ki kout e ki gen yon lekti agreyab de chak sila yo ke Mak Dever te rele 9 karakteristik yon legliz an sante ak yon liv ankò, sou sa ki se doktrin solid. Nou va pibliye liv sou sou predikasyon ekspozitif, teoloji biblik la, levanjil la, konvèsyon an, evanjelizasyon, dwa manm legliz la, disiplin eklezyal, pwogram disip ak kwasman, ak lidèchip legliz la.

Legliz lokal yo egziste pou moutre nasyon yo lagwa Bondye. E nou fè sa pandan nap fikse je nou sou levanjil Jezikri a, pandan nap kwè nan li pou lavi etènèl, pandan nap renmen youn lòt ak menm sentete Bondye a, inite li ak lanmou li. Se priyè nou, pou ke liv sa a ou gen nan men ou a ede fè tout sa.

Ak pi meyè dezi nou,
Mark Dever ak Jonathan Leeman
Editè seri yo

PWOLÒG

Istwa sou de levanjil yo

DE LEVANJIL YO

Nan ki klas evanjil ou kwè? Repons ou a kesyon sa a va genyen yon enpak dirèk sou sa ou panse de disiplin legliz la. Poutèt sa li vo lapenn pou nou asire nou ke nap pale de menm levanjil la anvan nou kontinye. Ou genyen la a, de vèsyon de levanjil la ki yon ti kras diferan. Premye a va sètènman evite nenpòt deba sou disiplin eklezyal la. Dezyèm vèsyon va pèmèt ke deba a koumanse.

Vèsyon 1: Bondye Sen. Nou tout te peche, separe de Bondye. Men Bondye te voye Pitit li pou mouri sou kwa a e li te resisite li pou nou te ka padone. Tout moun ki kwè nan Jezi va gen lavi etènèl. Zèv yo pa jistifye nou. Se pa la fwa nou jistifye. Poutèt sa, levanjil la envite tout moun pou kwè senpleman! Yon Bondye ki renmen san kondisyon va asepte ou jan ou ye a.

Vèsyon 2: Bondye Sen. Nou tout te peche, separe de Bondye. Men Bondye te voye Pitit li pou mouri sou kwa a e li te resisite li pou nou te ka padone e pou te ka swiv Jezi tankou Senyè e Wa. Tout moun ki repanti e kwè, va genyen lavi etènèl, yon lavi ki koumanse jodi a e li rive jis nan letènite. Zèv yo pa jistifye nou. Sèlman se la fwa ki jistifye nou, men la fwa veritab la akonpanye ak zèv yo. Poutèt sa, levanjil la envite tout moun pou repanti e kwè. Yon Bondye ki renmen nan kèk sikonstans kontrèman a sa ke ou merite, apre, va ba ou kapasite ak pou-vwa Lespri Sen an pou ou ka vin sen e obeyisan tankou Pitit li a. Lè Bondye rekonsilye ou ak li, li asepte ou nan fanmi li-legliz la-e li ba ou kapasite tankou yon pitit ki ka reprezante pwòp karaktè sen li, ak glwa li ki an twa a.

Enben, kisa ou kwè kounye a? Selon opinyon ou, kilès nan de levanjil sa yo ki pi byen reprezante sa Bib la ansenye a?

Premye vèsyon an fokis Kris tankou Sovè. Dezyèm nan fokis Kris tankou Sovè e Senyè.

Premye vèsyon an sinyale travay padon an anndan nouvo kontra Kris la. Dezyèm nan mete sa ansanm ak travay rejenerasyon anndan nouvo kontra Lespri Sen an.

Premye vèsyon an sinyale nouvèl pozisyon ki genyen kretyen

yo tankou pitit Bondye yo. Dezyèm vèsyon an sinyale nouvèl po-
zisyon an ki yo resevwa tankou sitwayen Wayòm Kris la ansanm
ak yon lis devwa.

Premye vèsyon an sinyale rekonsilyasyon kretyen an ak Kris.
Dezyèm vèsyon an sinyale rekonsilyasyon kretyen an ak Kris e ak
fanmi Kris la.

Si konpreyansyon levanjil la rete nan premye vèsyon an sa
pa va sèvi ou anpil, ni liv sa a nonplis, ni zafè disiplin eklezyal la
nonplis. Men si ou adopte dezyèm vèsyon an, nou va genyen yon
konvèzasyon ki long pi devan. Se yon kòmandman biblik eksplisit,
anplis de sa, disiplin eklezyal la se yon ekstansyon dezyèm vèsyon an.

Tout sa ke yo afime nan premye vèsyon an se verite, men genyen
plis toujou pou ajoute. Si nou kite premye vèsyon an jan l ye a sa va
pwodwi yon gras bon mache. Mwen kwè ke dezyèm vèsyon an se
yon rezime ki pi solid de levanjil biblik la, e li pi faktib pou kondwi a
tip gras ki fè kretyen yo pran kwa yo e pou swiv Jezi yon fason ki sen.

DE REPONS DIFERAN POU DISIPLIN LEGLIZ LA

Mwen oze pou m panse ke pifò lidè nan Legliz syèk pase a ta
asepte eleman adisyonèl dezyèm vèsyon an; omwen yo ta ka fè sa
si tap reponn kesyon nan yon tès miltirepons ak ti wonn pou plen
ak yon kreyon. Men se pa sa ke yo te preche sou chè a. Se pa sa ke
yo te di Mesye ak madanm López lè yo te mennen pitit yo Juanito
ki genyen sis ane nan biwo pandan yo tap mande pou batize li.

Lidè legliz yo vle rive jwenn enkredil yo, men bon dezi sa a pwodwi yon move tantasyon: bese levanjil la a yon bagay ki pi piti. Li relativman fasil pou pale de gras Bondye a, de lanmou san kondisyon ak la fwa. Li pi difisil pou pale de sentete Bondye, de rèy Kris la, de yon repantans ke Lespri Sen an bay ak responsabilite legliz la anba nouvo kontra a. Tout bagay sa yo egzije responsabilite nan moun yo. Yo pwodwi obligasyon pou moun ka vin responsab. E lè ou edifye yon legliz ki baze sou yon levanjil ki mande yon ti kras responsabilite, disiplin eklezyal la pa gen okenn sans.

Imajine ou de yon kongregasyon ke yo te alimante ak lèt espirityèl de ¨sèlman kwè¨ e ¨lanmou san kondisyon an¨. Ann sipoze ke ou di kongregasyon sa a ke li ta dwe konsidere eskominyen Juanito paske li pa genyen sis ane ankò, sinon ven ane, e li antre nan pòt legliz la depi li te fini nan enstiti a e sa fè de ane de sa. Non sèlman ou va dekonsète kongregasyon an, sinon ke ou va frape literalman ak konpreyansyon de sa kristyanism nan ye, se menm bagay la si ou tante kondwi machin ou nan direksyon kontrè.

— Ou renmen kritike twòp!

— Yon Bondye ki renmen san kondisyon pa disipline pèsonn!

— Sa sonnen tankou legalism. Nou sove pa la fwa, non pa zèv yo!

— Depi yon moun sove, li sove nèt!

— Lòt fason ou ka di sa, yo va tonbe sou ou.

Men kounye a imajine lòt kongregasyon, youn ke lidè li yo te ansenye levanjil la pandan yo tap itilize tout konsèy Bondye yo. E manm sa yo, yo te mande yo pou kalkile kisa sa kote swiv jezi anvan pou fè pwofesyon la fwa. Yo te tande ke Wayòm syèl yo se pou pòv nan lespri yo, sila yo ki genyen yon kè ki pwòp ak pasifikatè yo (Mat. 5:3-9). Yo te tande ke Papa Selès la va koupe tout branch ki pa bay fwi paske vrè levanjil la chanje moun yo reyèlman (Jan 15:2). Yo te tande ki diferans ki genyen ant santi tristès mond lan ak tristès pyete: nan youn ou santi pou tèt ou; nan lòt la ou santi solisitid, endinyasyon, krent, efè kap brile ak zèl (2 Kor. 7:10-11).

Li pi pwobab pou ke dezyèm kongregasyon an konprann ke Bondye Pitit la ini moun yo vrèman ak li e ak fanmi li a pou lavi ak kwasans. Yo va konprann ke Bondye Lespri Sen an reyèlman kreye yon nouvèl egzistans entegral nan mitan yo: ke vrè kretyen yo chanje. Kounye a, di manm sa yo ke Juanito-ki gentan gen ven ane-genyen de ane san li pa ale legliz. Sètènman yo pa va monte zepòl yo epi pou souspire, sila yo ki gentan sove, sove nèt, epi kontinye repase chan louwanj yo tankou si anyen pat pase. Yo va pran telefòn nan kou yo kapab pou kontakte ak Juanito epi pou envite li al manje e pou konnen kouman li ye. Yo va egzòte li pou viv tankou kretyen ke li di li ye a. Yo ka rive menm eskominyen li, tankou dènye efò pou ede li. Yo renmen li twòp pou yo pa ta fè sa. Yo renmen zanmi enkredil ak konpanyon travay yo twòp pou yo pa ta fè sa.

SÈL E LIMYÈ

Se Pawòl Bondye a ki bay sila yo ki mouri espirityèlman lavi, men Bondye vle transfòme moun yo e chanje anndan li pandan nap itilize mo sa a. yon lavi ki transfòme fè ke repitasyon yon legliz vivan e pwovokatif. Mond lan pa bezwen yon vèsyon san kafeyìn de kristyanism nan. yo bezwen yon bagay plena k limyè ak gou, yon bagay diferan.

> ¨Nou se sèl tè a; men si sèl la pèdi gou li, ak kisa li va gen gou? Li pa vo anyen ankò, sinon pou jete deyò kote moun va pile li. Nou se limyè mond lan; yon lavil ki sou yon mòn pa ka kache. Ni yo pa limen yon lanp pou mete li anba yon tab, sinon sou chandelye a, e li klere tout sa ki na kay la. Se konsa limen limyè nou an devan lezòm, pou yo ka wè bon zèv nou yo, e pou glorifye Papa nou ki nan syèl la¨ (Mat. 5:13-16).

Sèl la itil paske li diferan. Limyè se yon bagay atraktiv pou sila yo ki nan tenèb…paske li pa tenèb.

ENTWODIKSYON

Ankadreman pou disiplin nan

Objektif prensipal liv sa a se pa pou konvenk ou de disiplin eklezyal la. Objektif la se pou ede a sila yo ki gentan konvenk de kouman e kilè yo dwe egzèse li. Nan sans sa a, li va enpòtan pou wè kouman levanjil Jezi a ofri nou yon ankadreman teolojik pou abòde li. Disiplin eklezyal la-kit fòmativ kit korektiv-se yon ekstansyon levanjil la. Nou va konprann pi byen kouman pou abòde li yon fason pratik si nou rive sou li a *travè levanjil la*.

Sa vle di ke fokis mwen sou tèm nan yon ti jan diferan de sa ki lòt moun te itilize. Pandan syèk pase yo, sila yo ki te ekri de disiplin eklezyal la te konn elabore lis ki baze nan pasaj biblik kote peche yo te jistifye rezon pou aplike li. Lide a se te ekipe lidè Legliz yo ak yon gid bazik ki ka ede yo egzamine defi ke yap konfwonte yo.

Nòmalman, liv otè kontanporen sou disiplin nan mennen lektè a a travè pa yo ke Jezi te etabli nan Matye 18:15-20. Sa yo eksplike kouman abòde pechè a an prive, apre sa ak de ou twa temwan, finalman ak legliz la. Liv sa yo fè mwens atansyon a diferans klas peche ak plan jeneral Matye 18 konvèti an solisyon pou tout bagay.

Gen anpil bagay pou di sou de tip fokis sa yo, men metòd pam nan se yon bagay diferan. Mwen swete etabli yon ankadreman teolojik ki mele varyete fokis ki pran fokis pwòp otè Ekriti yo. Pa egzanp, Pòl genyen yon fokis diferan nan 1 Korentyen 5 a fokis Jezi a nan Matye 18. Pòl di legliz la ke senpleman mete pechè a deyò e li pa mansyone ke yo te dwe ba li avètisman anvan sa. Poukisa? Kèk ekriven di ke se paske peche a te ¨yon eskandal piplik¨. Men sa ta fè ke desizyon legliz la sou sila a ki apatyen a Wayòm syèl yo depann de valè moral de sosyete ki toujou ap chanje a, bagay ki pa sanble byen pou mwen. Èske pa genyen yon koneksyon ant Matye 18 e 1 Korentyen 5? Mwen kwè sa, e nou va jwenn li pandan nap kontanple disiplin eklezyal la nan limyè levanjil la.

Anplis de sa, fokis yon ankadreman teolojik va ede lidè yo pou konfwonte varyete san fen peche ak sikonstans ki pa gen okenn presedan nan Ekriti yo, peche yo ki pa parèt nan okenn lis. Si ou te pase kèk tan tankou pastè-oubyen tankou moun- ,ou konnen ke pechè yo-menm jan ak mwen ak ou-kreyativ san limit. Moun yo pa toujou swiv resèt lè yap kwit peche yo; chak chodyè malpwòpte se pwòp yon kay e li gen yon ti gou diferan. Poutèt sa, objektif mwen nan premye pati liv la se etabli yon ankadreman teolojik ki ede lidè legliz yo abòde tout sitiyasyon diferan ke dwe konfwonte.

KÈK KESYON DIFISIL

Nan 9Marks nou resevwa anpil kesyon de pastè kap chèche konsèy de disiplin eklezyal la. Ou genyen la a kèk ladan yo ki te fenk rive nan bwat resepsyon email mwen:

- Èske nou ka disipline yon moun ki pa manm?
- Kisa nou dwe fè si youn nan manm nou yo abandone la fwa totalman e li sispan rele tèt li kretyen?
- Èske legliz la ta dwe aksepte demisyon yon moun ki nan peche kip a repanti?
- Kisa nou dwe fè si legliz la ekskominyen yon moun e lòt manm refize pa asosye ak li?
- Èske nou ta dwe pataje Soupe Fèt Nwèl la ak yon manm fanmi an ki nan disiplin?
- Èske lè ou pèmèt moun ki nan disiplin nan kontinye asiste legliz la, de-otorize disiplin nan?
- Kisa nou dwe fè ak yon moun ki pa manm ki genyen anpil tan asiste legliz la men ki ap divize legliz la?
- Kisa pou n fè ak yon ansyen manm ki pa janm asiste men ki ap divize legliz la?

- Èske se yon fot ki merite disiplin, si yon moun plane marye ak yon enkredil?
- Èske moun saf yo merite disiplin?
- Èske mank apeti oubyen mank grangou se bagay pou disipline?
- Èske si ou kwè nan Nouvo pèspektiv yo de Pòl se yon bagay ki merite disiplin?
- Èske egziste diferan nivo disiplinè? Èske legliz la dwe abòde adiltè enpètinan an menm jan ak absans abityèl nan legliz la?
- Èske legliz la dwe disipline manm adolesan ki komèt peche grav?
- Nan ki moman li nesesè pou disipline yon pastè? E kilès ki dwe dirije pwosè sa a?
- Ki direktris espesifik yo kote manm legliz yo dwe relasyone yo ak yon moun ki te resevwa disiplin?
- Èske li bon pou egzije yon moun pou konfese peche li yo devan tout legliz la kòm evidans repantans, pandan ke egziste peche piblik ki pi grav?
- Kilè nou ka asepte yon moun ki te ekskominyen ankò nan kominyon? E kouman?

Si genyen yon bon ankadreman teolojik, sa ka ede pou reponn kesyon sa yo, e anpil lòt.

Mwen rekonèt ke kesyon sa yo dirèk e yo pa anbrase tout kesyon yo. Anpil fwa, lavi reyèl la vin pi difisil lè ou koumanse dekouvri tout peche ak sikonstans yo. Kisa pou nou fè ak nonm sa a ki vòlè kliyan li yo san fè bri, san vyole okenn lwa, biznis lan kraze, kliyan yo soumèt li nan la jistis, li di ke li repanti, men kòm li pa vle pase dis pwochen ane yo ap fè sakrifis, li moutre enterè pou remèt lajan an bay kliyan yo?

Kisa pou nou fè ak yon manman solitè ak twa pitit pou twa gason diferan-yo tout fèt deyò maryaj-e kounye a li ansent ankò yon katriyèm pitit pou yon katriyèm gason, e ki pete kriye nan biwo pastè a? Èske entansite rèl li yo se yon endikasyon ke li reyèl-man repanti?

Kisa pou nou fè ak alkolik ki te pase kèk mwa mal, kèk mwa byen, e yon jou yo arete li e akize li de eskandal piblik? Èske peche li a ta pi serye si li te kontre ak yon ajan polis? Yon lòt kesyon ankò, kisa pou nou fè si ensidan sa a te rezilta paske li te pèdi travay li, ou-byen paske madanm li te abandone li? Èske nou dwe plis endiljan?

Ka sa a se kote mwen te pale nan telefòn ak yon ansyen yon legliz ke mwen pat janm pale anvan: Yon madanm te komèt enfidelite sou mari li ak lòt fanm; li te koumanse fè divòs malgre madanm nan te vle lite pou maryaj la; enben gason an te genyen kèk relasyon anplis, anvan ak apre divòs la; e tout babay sa yo vin dekouvri de ane apre, nan menm seremoni fiyansaj gason an ak pitit pastè prensipal la? Kisa ou ta fè nan ka sa a?

Pafwa pi bon repons mwen se: ¨Mwen pa gen lide sou sa, men mwen va priye pou ou¨.

Men anvan tout bagay, mwen itilize yon ankadreman teolojik pou evalye sitiyasyon an. Objektif mwen nan premye pati liv la se devlope yon ankadreman pou ede ou abòde divèsite sitiyasyon ki parèt nan legliz ou.

RELIJYON FONDAMANTALIS FAS A LEVANJIL SAJ LA

Nan lavi, anpil fwa, li ta bèl pou genyen yon manyèl prensip yo ki ta fè tout bagay parèt nwa e blan: ¨Lè ou kontre ak yon bagay konsa, fè sa¨. Si ou se Papa oubyen pastè ou va konnen egzakteman de kisa map pale.

Se konsa nou ta va konnen kouman pou reaksyone devan peche frè nou yo e kouman pou nou fè li: ¨Èske yon moun ka di mwen ak egzaktitid si moman an te rive pou reponn Roberto, ou mwen dwe kontinye mòde lang mwen?¨.

Nan fòm pi fasil li a, relijyon fondamantalis la sanble motive pa dezi sa a pou senplifye bagay yo. Li vle koulè nwa e blan lè Bib la fè silans. Li egzije konviksyon kote ki pa genyen.

Poukisa Bondye ta kite kote sa yo ak koulè gri? Nan mitan tout bagay yo, mwen sipoze ke li vle ke nou klame pou sajès, paske klame pou sajès mande pou ke moun ki otosifizan-tankou nou-apiye sou li. Tout kote ki gen koulè gri sa yo nan lavi a ranpli fonksyon yon kan antrènman pou konfyans la.

Lèn di sa, ou dwe konnen ke wi, Bondye te ban nou yon ankadreman de referans general. Travay nou se pou konprann ankadreman sa a e pou aplike li ak sansibilite de yon sitiyasyon oubyen yon lòt, pandan nap toujou konfye nan Bondye, pandan nap toujou mande sajès. Se sa ke dezyèm pati nan liv sa a pretann. Se pa yon liv fondamantalis de santans legal: "Lè ou kontre ak bagay sa a, fè sa". Sa ke mwen tante fè pito se demontre kouman yon ankadreman bazik aplike a diferan tip de ka, konsa pou ou ka genyen yon lide plis konplè de kouman pwosè a ye. Desizyon yo ke yo pran se pa "dènye mo" sou tèm nan. Yo reprezante bi bon esè mwen, ak pa lòt pastè yo tou, pou aplike sajès levanjil la. Esè sa yo pèmèt mwen itilize ka ki genyen plis matis ke sila yo ki pèmeèt mwen itilize prensip yo ke mwen te etabli nan premye pati a.

Mwen te kreye egzanp etid sa yo pandan mwen tap pran eleman nan ka lavi reyèl kote ke mwen te patisipe oubyen de ka ke yo te rakonte mwen. Mwen te chanje detay yo tout nan diferan manyè.

Twazyèm pati a konplete liv la pandan lap ofri konsèy de kouman pou mennen legliz ou nan pratik regilye disiplin eklezyal la: kisa ou bezwen ansenye kongregasyon ou e ki estrikti ou bezwen devlope.

ÈSKE YO DWE EGZÈSE DISIPLIN NA?

Èske legliz ou dwe egzèse disiplin eklezyal la? Wi. Nan premye lye, disiplin eklezyal la se lanmou. E li moutre:

- Lanmou pou moun yo, pou ke moun sa a ka avèti e tounen nan repantans.

- Lanmou pou legliz la, pou ke mouton ki fèb yo ka pwoteje.

- Lanmou pou mond lan kap obsève nou, pou yo ka wè pouvwa transfòmatè Bondye.

- Lanmou pou Kris, pou leglis yo ka obeyi non sen li a e pou yo leve li.

Pou yon lòt bò, si nou pa egzèse disiplin nan, nap di ke nou renmen pi byen pase Bondye. Apre tout bagay, "Senyè a disipline moun li renmen. E li chatye tout moun li resevwa tankou pitit" (Ebre 12:6).

Li konnen ke disiplin nan pwodwi lavi, kwasans ak sante: "men (Papa) sa a, pou sa ki gen benefis pou nou, pou nou ka patisipe nan sentete li" (Ebre 12:10).

Se vre ke sa fè mal, men sa gen rekonpans: "Sètènman, okenn disiplin, nan moman pou resevwa li a, sanble agreyab, sinon ki bay lapèn; sepandan, apre sa li pwodwi rekòt jistis e lapè pou sila yo ki te pase ladan l" (Ebre 12:11, NVI). Èske ou ka vizyalize kan yo ki plen ak lapè ak jistis? Se sa ke Bondye pwomèt nou.

Enben, lanmou an dwe motive tout legliz pou egzèse disiplin nan. Èske ou renmen? Ebyen egzèse disiplin nan. Disiplin eklezyal la se pa yon mo ke kilti nou an konprann, e la verite se ke kilti nou an pa konprann pa ki fèt depi lanmou jiska disiplin nan. Men se sa ke Bib la ansenye. Èske ou kwè ke se verite?

Pou nou ka pi eksplisit, legliz yo dwe egzèse disiplin nan paske:

- Li biblik.
- Se yon ekstansyon levanjil la.
- Sa fè repitasyon legliz la devan nasyon yo vin transparan e klere.
- Li avèti pechè yo ke genyen yo jijman ki pi gwo kap vini.
- E sa ki pi enpòtan, li pwoteje non ak repitasyon Jezikri devan mond lan.

Jezi te asosye non li ak non legliz la. Li te depoze repitasyon li nan nou. Èske sa pa ekstraòdinè? Kounye a, tout bagay sa yo pa poze, nan dènye enstans sou zepòl nou. A travè lavi Izrayèl nan Ansyen Testaman an Bondye te demontre ke li va fè sa ki nesesè pou pwoteje non li. Anplis de sa, li te bay legliz nou yo yon travay: pran swen non li e repitasyon li devan nasyon yo. Kit ou renmen sa kit ou pa renmen sa, mond lan va fè konklizyon de Bondye pandan yap baze nan nou.

Prensipalman, disiplin eklezyal la santre nan ke reprezantan Jezi yo nan mond lan, reprezante a Jezi e non a nenpòt lòt.

Si ou bezwen kèk lòt bagay pou konvenk ou pou egzèse disiplin nan legliz ou, mwen rekòmande ou chapit 7 la nan liv Mark Dever *Yon Legliz ki an Sante-nèf karakteristik* (Faro de Gracia, 2008). Lòt bon liv sou tèm sa a se: The transforming Community

(Kominote Transfòmatè a) de Mark Lauterbach, *Walking Toge-ther* (Pandan nap mache ansanm) de Wyman Richardson, *Love That Rescues* (Lanmou ki sove) de Eric Bagerhuff, ak klasik liv Jay Adams lan *Handbook of Church Discipline* (Manyèl disiplin nan legliz la). Ou va jwenn tou kèk atik kout nan paj 9Marks: www.9Marks.org (an anglè) e es.9marks.org (an espanyòl).

Mwen espere ke ankadreman jeneral de chapit pi devan yo ka konvenkan. Ou ta dwe montre yon imaj de fanmi kretyen pandan wap aprann pou tankou Jezi, tèlman pou mond lan ka wè mèvèy.

Premye pati
ETABLI PARAMÈT YO

BAZ BIBLIK YO POU DISIPLIN NAN

Kisa disiplin eklezyal la ye? Nan tèm jeneral, disiplin eklezyal la se yon pati nan pwosè pwogram disip la, pati kote nou korije peche a e nou dirije disip la nan yon pi bon chemen. Pou nan pwogram disip la, vle di, pami lòt bagay yo, nan disiplin. E kretyen an disipline a travè ansèyman ak koreksyon, tankou yon klas matematik lè pwofesè a ansenye yon leson e apre sa li korije erè elèv yo.

Sa a se motif ki genyen pou pratik santenè a pou tounen sou tou lede, fòmativ la e korektiv la. Disiplin fòmativ la ede fòme disip la a travè ansèyman. Disiplin korektiv la ede korije disip la pandan lap korije peche a. Liv sa a santre nan disiplin korektiv la, men ansèyman an ak koreksyon an toujou travay ansanm. Sa a se esans pwogram disip la.

Pou ka itilize yon definisyon ki pi espesifik e fòmèl, disiplin eklezyal la se ak kote yo wete dwa manm nan legliz la ak patisipasyon nan la Sèn Senyè nan yon moun. Se pa yon ak kote ou pa pèmèt pou moun nan patisipe nan reyinyon ebdomadè legliz la. Se deklarasyon piblik legliz la ke li paka kontinye konfime pwofesyon la fwa moun sa a ki rele kretyen an. Se renonse pou bay moun sa a Sent Sèn nan. Se ekskominyen moun sa a.

Pou sa ka rete klè, mwen vle espesifye ke mwen pral trete mo sa yo tankou sinonim: ekskomilge vle di ekskli (separe) yon moun nan kominyon an, ki se wete li nan la Sèn Senyè a, ki se disipline li fòmèlman. Kèk moun konsidere youn oubyen de nan pa sa yo tankou diferan nivo nan pwosè a; mwen pa fè sa.

JEZI AK DISIPLIN NAN

Gen anpil tèks nan Nouvo Testaman an ki sinyale pratik disiplin eklezyal la. Sa ki pi popilè a se pwobableman Levanjil selon Matye a.

Jezi di: ¨ Se poutèt sa, si frè ou peche kont ou, ale reprann li pandan ou sèl ak li; si li koute ou, ou te genyen frè ou a. Men si li pa koute ou, pran ak ou youn oubyen de temwen, konsa tout bagay va regle sou dispozisyon de oubyen twa temwen. Si li pa koute yo, di legliz la sa; e si li pa koute legliz la, konsidere li tankou moun lòt nasyon e pèseptè enpo¨ (Mat. 18:15-17).

Nan yon senp rega, sanble ke Jezi genyen de sousi: premyè-man, pou pechè a repanti; dezyèman, pou kantite moun ki pou la pou pwodwi repantans lan ta dwe mwens posib. Baz sousi sa a se pwofon konviksyon ke Legliz la dwe sanble diferan de mond lan (kretyen yo pa dwe viv tankou payen oubyen pèsepè kontribisyon). Odyans jwif la ki nan Matye a ta ka konprann ¨payen¨ tankou reprezantasyon sila yo ki deyò kominote kontra a, e ¨pèseptè kontribisyon¨ tankou reprezantan sila yo ki te trayi kominote kontra a (poutèt sa yo te deyò kominote a). Manm yon legliz yo dwe viv yon jan diferan de mond lan. E si apre yon seri avètisman de gras yo pa fè sa, legliz la dwe mete yo deyò kominyon an.

Peche ki mansyone nan pasaj sa a se entèpèsonèl: ¨kont ou¨. Menm sa toujou, mwen panse ke anpil fwa nou bay detay sa a twòp enpòtans. Kle a la a se konnen si moun nan te repanti epi yo ka trete li tankou yon frè oudimwens yon sè nan Kris. Bagay ki pi enpòtan nan vèsè sa yo se ke legliz lokal yo genyen otorite pou evalye pwofesyon la fwa yon moun e aji an akò a sa:…¨si de nan nou mete an akò sou tè a de nenpòt bagay ke yo mande…¨ (Mat. 18:19). Pou dil nan lòt fason, legliz yo ka itilize pwosè disiplin eklezyal la ki dekri nan vèsè 15 a 17 la ak peche ki pi gwo.

Nan yon mo, Jezi te pwopoze pou legliz yo te egzèse yon fonksyon jidisyèl. Wete langaj de ou twa temwen yo nan Detewonòm 19, yon pasaj kote Moyiz tap atikile règleman pou jije ka kriminèl yo. Lè nou kontre ak moun ki sèten ke yo reprezante

Kris ak bouch yo men yo nye li nan lavi yo, legliz yo dwe evalye ak anpil atansyon evidans yo epi emèt yon jijman. *Èske sa a se yon pwofesyon la fwa ki valab? Èske sila a se yon vrè pratikan levanjil la? Kisa temwanyaj li endike?*

APÒT AK DISIPLIN NAN

Apòt Pòl solisite disiplin eklezyal la nan plizyè kote:

¨Frè yo, si yo siprann kèk moun nan fè sa ki mal, nou menm ki espirityèl, se pou nou restore li ak lespri dou¨ (Gal. 6:1).

¨E piga nou patisipe nan zèv san fwi tenèb la, sinon reprann yo¨ (Ef. 5:11).

¨Sila a kap lakoz divizyon, reprann li de fwa, e apre sa evite li. Ou ka sèten ke yon moun konsa kondane tèt li poutèt se yon pechè pèvès¨ (Tit 3:10, NVI).

¨Si gen kèk moun ki pa obeyi sa nou di pa mwayen lèt sa a, sinyale li, e pa chita ansanm ak li, pou li ka wont. Men piga nou pran l pou lenmi, sinon reprann li tankou yon frè¨ (2 Tes. 3:14-15).

Jan pwopoze yon bagay ki sanble ak disiplin prevantiv la, pou koumanse, pandan yo pap kite yon moun patisipe nan kominyon legliz la:

¨Nenpòt moun ki ekstravye, e ki pa pèsevere nan doktrin Kris la, pa genyen Bondye; sila a ki pèsevere nan doktrin Kris la, sila a genyen Papa a ak Pitit la. Si kèk moun vin kote nou, e li pa pote doktrin sa a, pa resevwa li lakay nou, ni pa di li: Byenvini!" (2 Jan 9-10).

Pyè te prezante nou yon ka ki klè tou sou disiplin prevantiv la (Ak 8:17-24).

KORENT AK DISIPLIN NAN

Lòt pasaj ke yo konnen byen, de disiplin nan legliz la se 1 Korentyen 5. Pòl ekspoze peche a ak atitid li fas a peche a nan premye vèsè yo nan chapit la:

"Se vre ke mwen tande gen fònikasyon nan mitan nou, e yon fònikasyon konsa pa site nan mitan moun lòt nasyon yo; tèlman ke yon nonm avèk madanm papa li. E noumenm nou nan vanite. Èske nou pa ta dwe lamante sa pito, pou sila a ki komèt aksyon sa a ta soti nan mitan nou? Sètènman mwen menm, absan nan kò, men prezan nan lespri, mwen te gentan jije tankou prezan a sila a ki te fè sa" (1 Kor. 5:1-3).

Sa ki chokan nan egzòtasyon Pòl la se kouman sa koenside, e nan menm tan an, li pa koenside ak egzòtasyon Jezi a nan Matye 18. Pòl, tankou Jezi, anime legliz la pou egzèse yon fonksyon jidisyèl. Li menm rive itilize mo ki derive de jijman anpil fwa (vv. 3,12-13). Pòl, tankou Jezi, dirije li a yon gwoup kote yon moun ki pwofese ke li se kretyen ka ekspilse de kò legliz la. De tout fason, e kontrèman a Jezi, Pòl pa di legliz la pou avèti nonm nan e pou rele li nan repantans, jan Jezi konseye nan Matye 18 la. Senpleman, Pòl di legliz la pou ekspilse li (san kesyon). Nou va debat lojik atitid sa a nan chapit 3.

Nan vèsè pi devan yo Pòl dekri ak prekosyon kouman ak disiplinè sa a dwe fèt:

¨Nan non Senyè nou Jezikri, noumenm reyini ak lespri mwen, ak pouvwa Senyè Jezikris nou an, se pou lage nonm sa a bay Satan pou detwi chè li, a fen ke lespri li ka sove nan jou Senyè Jezi a¨ (vv. 4-5).

Lage nonm nan bay Satan se trete li, nan pawòl Jezi, tankou yon payen oubyen yon pèseptè kontribisyon; se trete li tankou yon moun ki pa fè pati kominote kontra a ankò. Apre tout bagay, Legliz la se yon pòs avanse de Wayòm Bondye a, nenpòt moun ki pa fè pati Wayòm Bondye a, enben li fè pati wayòm Satan an. Domèn nan se prens mond sa a e tout wayòm mond sa yo se pou li yon faspn tranzitè (Jan 12:31; 14:30; Mat. 4:8-9).

Nan egzòtasyon swivan an, Pòl di ke si y evite ekspilse nonm sa a nan legliz la, nonm sa a riske tout kongregasyon an:

¨Grandizè nou an pa bon. Èske nou pa konnen ke yon ti kras ledven fè leve tout pat la? Se pou nou netwaye nou de vye ledven an, pou nou ka vin yon pat nèf, san ledven tankou nou ye a; paske pak nou an, ki se Kris, te gentan sakrifye pou nou. Se konsa annou selebre fèt la, non pa ak vye ledven an, ni ak ledven malis ak mechanste, sinon ak pen san ledven, de senserite ak verite. Mwen te ekri nou ak lèt, ke piga nou chita ansanm ak moun ki komèt fònikasyon; non absoliman fònikatè mond sa yo, moun avaris yo, oubyen vòlè, oubyen idolat yo; enben nan ka sa a li ta nesesè pou nou soti nan mond lan. Men mwen ekri nou pou no upa chita ak pèsonn, ki rele tèt li frè, ki fònikatè, avaris, ou idolat, ou byen kap pale moun mal, oubyen tafyatè, oubyen vòlè; piga nou menm manje ak moun konsa" (1 Kor. 5:6-11).

Nan dènye vèsè chapit la, Pòl reitere ke legliz la genyen yon fonksyon jidisyèl ke li dwe egzèse nan lavi nonm sa a: "paske, ki rezon pou m ta genyen pou jije sila yo ki deyò? Èske nou pa jije sila yo ki anndan? Paske Bondye va jije sila yo ki deyò. Enben wete pèvèti sa a nan mitan nou" (vv. 12-13).

OBJEKTIF DISIPLIN EKLEZYAL LA

1 Korentyen 5 espesyalman efikas pou disène objektif disiplin eklezyal la. Nou ka rankontre omwen senk objektif.

Premyèman, disiplin nan pretann ekspoze. Peche a renmen kache tèt li, tankou kansè. Disiplin nan ekspoze kansè a pou yo ka elimine li rapidman (cf. 1 Kor. 5:2).

Dezyèman, disiplin nan pretann avèti. Legliz la pa reprezante retribisyon divin nan a travè disiplin nan. Men, li jwe yon ti wòl pandan lap sinyale gran jijman kap vini an (v. 5). Disiplin nan se yon avètisman konpasif.

Twazyèman, disiplin nan pretann sove. Legliz la koumanse disiplin nan lè li wè ke yon manm pran chemen lanmò, e okenn nan siplikasyon li yo fè moun nan retounen. Se zouti dènye resous la pou mennen moun nan a la repantans (v.5).

Katriyèman, disiplin nan pretann pwoteje. Menm jan kansè a pwopaje de selil a lòt selil, peche a pwopaje de yon moun a yon lòt moun (v. 6).

Senkyèman, disiplin nan pretann moutre yon bon temwayaj de Kris. Menm si sa ta sanble san sans, disiplin eklezyal la bon pou enkredil yo paske sa ede pou prezève diferans yo de Pèp Bondye a ke yo atraktiv e pekilyè (cf. V.1). Sonje ke legliz yo dwe sèl e limyè: ¨Men si sèl la pèdi gou li-Jezi te di sa-li pa vo anyen ankò, sinon pou jete deyò pou moun pile¨ (Mat. 5:13).

NESESITE DE YON ANKADREMAN EVANJELIK

Dènye objektif sa a montre nesesite de yon kad teolojik ki pi laj pou konnen kouman abòde disiplin eklezyal la.

Panse sou dilèm ki bay zafè disiplin eklezyal la orijin li. Nou te di ke disiplin nan santre sou lide korije peche a. Men majorite a ta pi dakò ke levanjil kretyen an santre sou lide padone peche a.

Si Bondye padone peche a, poukisa nou dwe fè sousi pou korije li? Kretyen yo tou dwe padone a lòt yo. Enben, ki sans sa genyen pou korije peche youn lòt?

Yon levanjil dekonpoze ki sèlman pale de padon ak lanmou san kondisyon pa gen resous pou abòde premye pwoblèm sa a ke nou rankontre nan sipèfisi a.

Konsekans lan se ke peche a grandi san yo pa konfwonte li e legliz yo koumanse ap reflete mond lan.

Sepandan, yon levanjil ki pi solid non sèlman abòde sansasyon responsabilite peche a, li abòde tou pwoblèm koripsyon peche a, ak pwomès de yon nati tou nèf. Anplis de sa, li mete levanjil la nan yon Chema biblik e ki pi laj ke plan yo Bondye genyen pou limanite reprezante li.

Bondye te bay Adan dwa pou reprezante li a travè gouvènman kreyasyon an, Men Adan te fayi. Izrayèl te fayi tou. E wa Izrayèl la, David. Enben gen youn ki te vini pou reprezante-pafètman-Bondye. Bòn nouvèl levanjil la se ke Bondye te prepare yon chemen pou nou ka restore ansanm ak li, ak objektif original li a pou lavi nou: renye sou kreyasyon li a ak Jezi. Bondye te pwomèt padon kilpabilite nou yo a travè travay Pitit li a, tankou li te pwomèt yon nati tou nèf obeyisan a la lwa atravè tarvay Lespri li a. Disiplin legliz la genyen sans sèlman anndan ankadreman sa a, menm jan nou pral wè sa pi devan an.

ANKADREMAN EVANJELIK POU KONPRANN DISIPLIN NAN

Imajine ou ke yon jwè foutbòl ameriken patisipe nan yon match foutbòl ak kèk zanmi. Nan mitan match la, jwè bese, li pran balon an ak men li, e li koumanse kouri. San okenn dout, abit la va sonnen souflè li pou fot la.

Nan moman sa a jwè a gade abit la. Poukisa ou sonnen siflè a? poukisa ou rele fot? Jwè foutbòl ameriken an fè sa li te konn toujou fè: pran balon an epi kouri.

Kòm repons, yon moun te ka eksplike jwè sa a, ke eksepte gadyen an, pèsonn pa ka touche balon an ak men li. Se konsa, tounen al nan match la e pa komèt menm fot la ankò!

Nou te ka pran yon ti tan anplis pou eksplike kouman jwèt ki rele foutbòl la fonksyone. Pa definisyon, foutbòl la se ak pye ke yo jwe sa, non ak men. Sa ki fè yon match foutbòl tèlman fasinan se obsève abilite ke jwè ekspè yo genyen pou kontwole balon an san yo pa janm itilize men yo. Se pou rezon sa a ke nan tout peyi, mwens Eta Zini Damerik, yo rele jwèt sa a balonpye. Jwè foutbòl ameriken an pat sèlman vyole yon règ; li te vyole règ ki defini esans espò sa a.

Nan menm fason an, disiplin nan legliz la kapab defini de de fason. Youn ladan yo kapad defini tankou aksyon pou korije peche a, tankou sonnen yon siflè pou yon fot nan lavi kretyen an. Oubyen, pi byen toujou, sa kapab konprann tankou aksyon pou fè sonnen siflè a anndan ankadreman ki pi laj levanjil la: legliz la ak enplikasyon lavi kretyen an. Mete aksyon disiplin nan anndan ankadreman ki pi laj sa a-sa ke mwen rele ankadreman evanjelik la-, va ede nou egzèse disèneman endispnasab nan mitan tout manifestasyon varye yo de peche a nan legliz la.

Pa egzanp, manti se yon bagay ofansif. Èske sa vle di ke tout legliz la dwe konvoke chak fwa yon manm bay manti? Byen si ke non. Anpil bagay depann, de tout sikonstans ki akonpanye manti a oubyen manti yo. Èske sa tèlman trasandan? Èske moun nan pèsiste ladan li? Èske gen yon patwon?

Nan kèk kote dwe genyen yon liy divizè ant yon manti ki merite rezoud an prive e yon manti ki merite rezoud an piblik. Kouman nou konnen kilè yo travèse liy sa a? Sa a se defi pratik disiplin eklezyal la. Se pou rezon sa a k esa bezwen tout sajès sa.

Nan opinyon mwen lidè legliz yo ta va ekipe pi byen pou rekonèt kilè yon moun travèse liy sa a si yo konprann aksyon pou korije anndan yon ankadreman evanjelik ki pi laj. Levanjil la ede nou pou evalye lè pou nou pale e lè pou nou pa pale, lè pou nou aji e lè pou nou pa aji.

KISA LEVANJIL LA YE?

Pou etabli yon ankadreman pou disiplin legliz la, sa bezwen pou nou konprann:

1. Kisa levanjil la ye.
2. Kisa kretyen vle di.
3. Kisa yon legliz lokal ye.
4. Kisa sa vle di pou manm nan yon legliz.

Kisa levanjil la ye? Mwen te gentan ofri yon rezime nan pwològ la. Kitem fè yon ti pale plis sou sa. Levanjil la se bòn nouvèl ki rive nan final yon istwa ki long ki pale sou moun ki rebele kont Bondye e yo deklare tèt yo wa nan mond sa a. Bondye te kreye moun yo a imaj li pou yo te ka reprezante domèn li ak karaktè sou kreyasyon an. Li te konstitye yo a imaj li pou yo te ka reflete li. Li te rele yo pou gouvène ak obeyisans pou yo te ka gouvène menm jan ke li gouvène: ak bonte, jistis, sentete ak lanmou.

Men moun yo te deside ke yo te pi saj ke Bondye e yo te chwazi pou gouvène tèt yo yo menm menm. Yo te kowonpi pwòp nati yo e yo te genyen chatiman lanmò a. Istwa Izrayelit yo se istwa long nan de kreyasyon an e chit la. Yo te ba yo tout avantay la lwa Bondye a ak prezans li, nan objektif pou yo te ka reprezante li, men yo te fè sa yo vle. Poutèy sa, li te mete yo deyò sou tè li a.

Bòn nouvèl la-ki rive nan final istwa tris sa a-ki se istwa pitit Adan an ak Izrayèl ki te vini pou fè sa ke ni Adan ni Izrayèl te fè: gouvène nan obeyisans e genyen yon pèp pou Bondye. Sila a ki te imaj Bondye a menm menm te vini tankou yon nonm e li te etabli yon Wayòm pandan li tap obeyi Papa selès li jiska lafen. Li pat sèlman etabli yon Wayòm; li te genyen yon pèp pou Wayòm sa a pandan li tap bay lavi li tankou pri pou dèt peche, e finalman li te resisite nan lanmò pandan li tap inogire yon kreyasyon konplèt tou nèf.

An rezime: bòn nouvèl la se ke Jezikris te genyen lavi etènèl la e lap gouvène pou tout sila yo ki mete konfyans yo nan li e ki swiv li tankou Senyè. Lavi etènèl la gen ladan l padon pou peche, rekonsilyasyon ak Bondye nan Jezi, rekonsilyasyon ak fanmi Bondye a ak yon nouvo kè--ak Lespri Sen an abite nan li-ki vle gouvène kounye a nan obeyisans pandan lap pran responsabilite pou reprezante Jezi sou tè a.

KISA KRETYEN VLE DI?

Kisa kretyen vle di? Genyen diferan manyè pou dekri kisa kretyen vle di. Pou koumansa, se yon moun ke Bondye te padone e ki ini ak li a travè nouvo kontra a nan san Kris la. E se yon moun tou ke yo te bay yon nati tou nèf pa mwayen Lespri Sen an (cf. Dt. 30:6-8; Jer. 31:24-27).

Men genyen plis toujou nan kretyen an ke yon nouvèl pozisyon ak yon nati tou nèf. Kretyen an genyen yon nouvèl fanmi. Pa definisyon, yo se manm yon fanmi. Pa definisyon, rekonsilye ak Kris vle di rekonsilye ak fanmi Kris la (Ef. 3:6). Pòl reyalize koneksyon sa a pandan lap inifye premye mwatye nan Efezyen 2 a ak dezyèm mwatye a. Premyèman li di nou ke nou te sove pa gras (Ef. 2:10). Dezyèman, li di nou ke miray divizyon ant jwif ak moun lòt nasyon yo te tonbe, pandan lak kreye yon nonm tou nèf (vv. 11-22). Lè yon manman ak yon papa adopte yon moun, sa vle di resevwa yon nouvo gwoup frè ak sè. Se menm bagay la ki pase ak kristyanism nan. Kit nou te konsyan, kit nou pat konsyan, yo te ini nou a yon nouvèl fanmi, adopsyon nou nan Kris se yon adopsyon a fanmi li a.

Enben, kretyen an genyen yon lòt opsyon, yon lòt nati, yon nouvèl fanmi, e finalman, yon nouvèl deskripsyon de obligasyon li yo. Kretyen an se yon moun ki reprezante Kris kounye a, e poutèt sa, li reprezante Bondye. Sa a se presizeman mesaj batèm nan ak la Sèn Senyè a. batize vle di idantifye nou ak non Papa a, Pitit la, ak Lespri Sen an, menm jan an tou ak lanmò e rezireksyon Kris la (Mat. 28:19; Wom. 6:4-5). Patisipe nan Sent Sèn nan vle di anonse lanmò li e enkòporasyon nou nan kò li (1 Kor. 11:26-29; cf. Mat. 26:26-29). Bondye vle pou pitit li yo sinyale e separe. Li vle yon separasyon ant moun pa l yo ak mond lan. Li vle pou nou sen paske li sen. Kretyen yo reprezante Bondye la a, e kounye a!

Yon lòt mwayen pou di sa, kretyen an se yon moun ki pote non Kris sou tè a, ki deklare levanjil li a, e ki inifye ak fanmi li a. Esansyèlman, kretyen an se yon anbasadè: yon moun ke idantite li ak tarvay li vle di yon sèl bagay. Tout sa ke yon anbasadè ye, di, oubyen fè, reprezante a wa li. Se menm bagay la tou, ak kretyen yo ak Kris.

KISA LEGLIZ LOKAL YE?

Kisa legliz lokal la ye? Nan kisa sa konsiste? Legliz lokal la se plis ke yon gwoup kretyen ki reyini. Dis kretyen ki chitan sou plas la se pa yon legliz. Jezi te bay kretyen yo ki reyini ansanm tankou legliz lokal, yon otorite selès, ke li pat bay a kretyen endividyèl yo. Espesifikman, li te bay legliz lokal la otorite pou itilize kle Wayòm nan pou pratike e kenbe batèm nan ak Sent Sèn nan, se konsa ke lap reyalize travay ki distenge moun Bondye yo ak mond lan.

Sa a se imaj ke nou jwenn anvan nan Matye 16 e 18, e apre sa, nan Matye 28; imaj sa a vin yon imaj ki anime nan liv Ebre a ak nan Epit yo. Jezi otorize legliz lokal la pou itilize kle Wayòm nan e kanpe devan moun kap konfese a, pou konsidere konfesyon li a, pou konsidere lavi li e pwononse yon jijman ofisyèl an reprezantasyon syèl la. Èske sa a se konfesyon apwopriye a? Èske moun kap konfese a di verite? Legliz lokal la swiv egzanp Jezi a pandan li te mande Pyè, ki te deklare ke Jezi se te Kris la (Mat. 16: 16-17). O konkrè, legliz la ap fè travay li a travè sakreman yo ki etabli nan Matye 26 ak 28: la Sèn Senyè a ak batèm nan.

Sa vle di, legliz lokal la genyen otorite selès pou deklare sou tè a kilès ki sitwayen Wayòm nan, e kilès ki reprezante non Jezi nan mond sa a. Kris pat otorize moun yo, tankou endividi, pou yo ka deside menm kote a ke yo se kretyen epi mete tèt yo devan nasyon pou pou deklare ke yo reprezante li. Foul moun yo nan Jerizalèm te mande Pyè kisa ke yo te dwe fè pou sove. Li te reponn: "Repanti, e batize, chak nan nou" (Ak 2:38). Yo te bezwen konfimasyon ofisyèl legliz Jerizalèm.

Nou dwe sonje ke pouvwa legliz lokal la se deklaratif. Yon legliz pa konvèti pèsonn an sitwayen Wayòm nan. Men, wi, li gen responsabilite pou deklare kilès ki apatyen a Wayòm Kris la e kilès ki pa apatyen. Poutèt sa, yon legliz se tankou yon anbasad yon nasyon. Si paspò ou echi pandan wap vwayaje nan yon peyi etranje, ou mande anbasad nasyon ou a pou renouvle paspò ou. Anbasad la genyen yon otorite ke oumenm tankou sitwayen pa genyen.

Sètènman ke legliz la plis pase yon enstitisyon ki gen otorite selès. Li se yon kò tou, yon fanmi, yon twoupo, yon tanp, yon kolòn verite a, ak anpil lòt bagay. Men nou pa dwe bliye ke se yon enstitisyon ke Jezi fonde sou tè a ak otorite pou deklare kilès moun yo ki sitwayen e anbasadè.

Enben, e pou defini legliz lokal la tankou enstitisyon, nou ta ka di ke se yon gwoup kretyen ki reyini regilyèman nan non Jezi pou konfime e sipèvize youn lòt-a travè predikasyon levanjil la ak pratik sakreman yo-dwa manm li a nan Wayòm Jezikris la.

Non pa ini nou a legliz la nan menm fòm ke nou ini nou a yon club; nou soumèt nou a legliz la. Legliz la se pa otorite absoli, menm jan an tou ke yon papa pa otorite absoli yon timoun. Malgre sa, Kris vle pou Kretyen an-tankou sitwayen Wayòm nan--soumèt li anba direksyon legliz lokal la.

Èske legliz lokal la va aplike kle Wayòm nan de manyè pafè? Non. Li va komèt erè, tankou nenpòt lòt otorite ke Jezi etabli komèt erè. Legliz lokal la se yon reprezantan ki pa pafè de Legliz Kris la nan dènye tan yo. Paske li komèt erè-menm jan ak jij yo ak papa yo- sa pa vle di ke li pa gen otorite ki soti nan Bondye.

Sa ki dwe rete byen klè nan tout moman se ke youn nan travay prensipal Legliz la se pwoteje non Jezi.

KISA SA VLE DI POU MANM YON LEGLIZ?

Enben, kisa sa vle di pou manm yon legliz? Se yon deklarasyon sitwayènte nan Wayòm Kris la. Se yon paspò. Se yon anons ki fèt nan biwo laprès Wayòm Kris la. Se deklarasyon yon moun ki pwofese ke li se kretyen se yon reprezantan ofisyèl Jezi, gradye, idantifye e ak bon entansyon.

Pi konkrètman, dwa manm legliz la se yon relasyon fòmèl ant yon legliz lokal e yon kretyen ki karakterize pa mwayen konfimasyon legliz la, direksyon yon pwogram disip kretyen e ak yon soumisyon kretyèn pou viv pwogram disip sa a anba atansyon legliz la.

Obsève ke genyen plizyè eleman prezan:

- Legliz la tankou kò konfime pwofesyon de fwa ak batèm moun nan tankou fòmèlman kreyib.
- Legliz la pwomèt sipèvize pwogram disip moun sa a.
- Moun nan soumèt fòmèlman pwogram disip li a sèvis e otorite kò a ak lidè li yo.

Legliz la tankou kò, di moun nan: "nou rekonèt ke pwofesyon de fwa ou a valab, batèm ou ak pwogram disip ou ak Kris. Poutèt sa, nou aksepte ou, nou konfime piblikman devan nasyon yo ke ou apatyen a Kris e nou aksepte sipèvizyon youn lòt kominyon nou an". Prensipalman, moun nan di legliz la tankou kò: "nan mezi ke nou kontinye tankou yon legliz ki deklare levanjil la, mwen soumèt asistans mwen ak pwogram disip mwen anba lanmou nou ak sipèvizyon nou".

Kondisyon pou dwa manm legliz la pa ta dwe ni pi wo ni pi ba ke menm kondisyon yo pou rive kretyen, e pa gen eksepsyon. Kretyen se yon moun ki te repanti e ki te kwè, e se konsa ke legliz yo ta dwe konfime manm li yo. Sèl kondisyon adisyonèl se batèm nan. Manm legliz yo dwe batize, yon modèl ki inifòm nan Nouvo Testaman an. Pyè te di foul moun yo nan Jerizalèm, ¨repanti, e batize chak nan nou¨ (Ak 2:38). E pandan Pòl tap ekri legliz la ki Wòm nan, senpleman li sipoze ke tout moun yo ki nan legliz women an te batize (Wom. 6:1-3).

Pou di sa nan yon lòt fòm, dwa manm legliz la pa gen anyen pou wè ak demand adisyonèl. Li trete de kouman legliz la pran responsabilite espesifik li yo pou kretyen an, e kretyen an pou legliz la. Li trete pou mete, reprezante, viv e fè efektiv dwa manm nou an nan kò inivèsèl Kris la. Nan kèk fason, inyon an ke legliz lokal la ak manm li yo konstitye a se tankou *wi mwen vle* nan ve maryaj yo, se pou rezon sa a ke gen kèk moun ki pale de dwa manm legliz la tankou *kontra.*

Li vre ke kretyen an dwe chwazi ini li ak yon legliz, men sa pa konvèti li an yon asosyasyon imanitè. Pandan li fin chwazi Kris, kretyen an pa genyen lòt opsyon ke chwazi ini li ak yon legliz lokal.

YON KONSÈP KI PI LAJ DE DISIPLIN EKLEZYAL LA

Analiz ke yo reyalize sou levanjil la, kretyen an, Legliz la e dwa manm legliz la pwopòsyone nou ankadreman an a travè sa ke disiplin eklezyal la dwe konprann. Kitem rale soti kat eleman nan analiz sa a ki va pwopòsyone nou premyè bagay fondamantal e nesesè yo pou disiplin legliz la:

1. *Ekspetativ pou vin transfòme.* Nouvo kontra a pwomèt ke fanmi Kris la va viv lavi transfòme a travè pouvwa Lespri Sen an. Menm si chanjman an rive dousman, legliz yo dwe espere chanjman an: fwi vizib la gras la ak Lespri Bondye a. Disiplin nan se repons kòrèk nan mank fwi vizib, e menm, prezans fwi ki pa bon.

2. *Travay pou reprezante Kris la.* Kretyen yo dwe kopi Kris, pandan yap reprezante li nan mond lan. Konsèp reprezantasyon an baze nan lide ke Jezi se Sovè e Senyè; li baze nan efè ke yo bay kretyen yo yon nouvèl pozisyon ak yon nouvèl responsabilite. Disiplin nan se repons adekwa lè kretyen yo pa reprezante Jezi e lè yo pa moutre dezi pou fè sa.

3. *Otorite legliz lokal la.* Jezi te bay legliz lokal la otorite kle yo pou konfime e revize sitwayen Wayòm li a ofisyèlman. Legliz yo pa konvèti moun an kretyen. Sa a se Lespri Sen an ki fè sa. Men legliz la genyen otorite pou rekonèt kilès ki kretyen e kilès ki pa kretyen, e yo responsabilite pou dekalre sa piblikman devan nasyon yo. Poutèt sa, aksyon ekskominyen yon legliz pa konsiste nan mete moun nan deyò fizikman e obligatwaman nan reyinyon piblik yo, tankou si legliz la te gen pouvwa epe leta a pou mete moun deyò fizikman; men pito, li konsiste an deklarasyon piblik ke li pa ka garanti sitwayènte selès moun

nan. ekskominyon an se deklarasyon legliz la ke li pa ka konfime moun nan tankou kretyen ankò.

4. *Dwa manm nan tankou soumisyon.* Nan obeyisans a Kris, yo rele kretyen yo pou soumèt yo devan konfimasyon legliz lokal yo ak sipèvizyon yo. Poutèt sa, lè yo avèti yo de yon posib aksyon disiplinè, manm legliz yo kapab pran devan aksyon legliz la ak yon senp demisyon. Sa ta ka konpare ak yon moun ki renonse a sitwayènte nasyonal anvan ke tribinal la pwosede sou delit ke yo akize li a.

Lè nou konsidere disiplin eklezyal la a travè ankadreman teolojik sa a, nou genyen yon konpreyansyon ki pi konplè. Sa pa sèlman trete de korije peche a ak objektif pou asire ke manm legliz yo ap reprezante Jezi vrèman e kòrèkteman. Sa trete de mande yo pou yo sa yo deklare yo ye a.

Poutèt sa, disiplin nan ap vire alantou de kesyon de kilès ki genyen lisans ak otorizasyon pou reprezante syèl la. Lè yon moun rele tèt li kretyen se afime ke li gen dwa. Pou manm yon legliz se konfimasyon fòmèl tankou youn ki gen dwa. Legliz lokal la--enstitisyon ki pote kle Jezi yo-garanti kredibilite pwofesyon de fwa kretyen an a travè batèm nan ak Sent Sèn. Disiplin eklezyal la koumanse mache lè yo kesyone kredibilite a. Se yon sèl kesyon kap pouse li: Èske legliz la kontinye kwè ke yon manm ke yo doute de li, se kretyen, tèlman ke li prè pou kontinye deklare li piblikman?

Definitivman, tout tèm disiplin legliz la gen pou wè ak repitasyon Jezi sou tè a. San okenn dout, se anpil bagay ki an je.

---

1 Foutbòl ameriken an dwe orijin a rugly men paske yo te koumanse pratike l nan inivèsite ameriken yo, li te soufri varyasyon ak règ pwòp li (N. del T.).

2 Ou va jwenn yon defans ak yon eksplikasyon ki pi laj de entèpretasyon mwen sou pasaj sa yo, ak definisyon ke yo itilize la a, nan chapit 3 liv *dwa manm legliz la: Kouman mond la konnen kilès ki reprezante Jezi* (9Marks, 2013). Si ou vle yon defans ki pe entans ou ka konsilte chapit 4 liv mwen *The Church and the Surprising Offense of God's love: Reintroducing the Doctrines of Membership and Discipline* (Legliz la ak siprenan ofans lanmou Bondye a: Pandan yap reentwodwi doktrin dwa manm yo ak disiplin nan) (Wheaton, IL: Crossway, 2010).

KILÈ DISIPLIN NAN NESESÈ?

Disip kretyen an se yon moun kap swiv Jezikri. Pwogram disip la nan legliz lokal la enplike ke manm legliz yo ede youn lòt pou swiv Jezi. Manm yo rive jwenn sa a travè fòmasyon ak koreksyon. Yo ansenye sa ki bon e yo korije sa ki mal. Yo anime tèt yo youn lòt anvè chemen kòrèk la, yo ede youn lòt pou kenbe tèt yo lwen chemen ki pa kòrèk yo.

Se konsa, nesesite koreksyon an tankou kretyen ta dwe evidan pou nou. Tankou kretyen, li endispansab pou rekonèt ke nou se kreyati limite e fayi. Nan menm tan an nou ka enkonsyan e twonpe tèt nou. Poutèt sa, nou bezwen ke pou lòt kwayan ede nou konnen lè nou te soti nan chemen pwogram disip la.

Mwen sonje yon konvèzasyon ak Jaime-lòt ansyen nan legliz mwen-sou enpo mwen yo. Nan kèk pwen nan konvèzasyon, Jaime te mansyone kèk bagay de peye enpo de lajan ke mandanm mwen ak mwen tap resevwa nan men moun ki te lwe chose a. Nan menm segond la ke Jaime te di mo *peye enpo,* yon panse te rive nan tèt mwen: "Tann yon moman, *enpo sou lweyaj la?* Mwen bezwen peye enpo yo sou lweyaj sa a, pa vre?" Efektivman, mwen tap vòlè gouvènman Eta Zini an, e mwen pat konn sa. Mwen te elwanye mwen de cheman pwogram disip la e mwen pa tap reprezante Jezi, ki te di pou peye Seza enpo nou yo.

Se konsa, kòm kretyen, mwen pat gen lòt opsyon ke retounen kote yo peye enpo sou lwaye a, pou revize enpo ane pase yo, e peye pati korespondan an.

Tankou kretyen ke nou rekonèt ke nou limite e nou fayi, nou dwe rekonèt tou ke kapb genyen anpil bagay nap fè nan lavi nou ki dekonekte nou ak Jezi. Se poutèt sa, solisyon an se pataje lavi nou ak lòt manm legliz la. Enben, yo va kapab ede nou pou wè bagay ke nou pa ka sou nou menm menm.

E se de sa menm ke disiplin nan trete: pou nou ede youn lòt pou korije peche a pou ede grandi nan imaj Kris. Mwen pa konnen si Jaime te vle disipline mwen, men, erezman, se sa li te fè.

Nan ki moman disiplin legliz la nesesè? Nan yon tèm general, disiplin nan nesesè nan moman ke yon disip elwanye li de chemen kretyen an akòz peche. Se nesesè lè gen yon brèch ki ouvè ant pwofesyon la fwa nou ak lavi nou, e swadizan reprezantan Jezi a sispann reprezante li.

Anpil fwa, disiplin nan ka fèt nan fòm enfòmèl e prive. Yon frè oubyen yon sè nan Kris peche e yon lòt frè oubyen lòt sè okipe l de yo ak lanmou e diskresyon.

Nan lòt okazyon, pwosè devlope fòmèl e piblikman, ke se sa moun yo vle di nòmalman lè yo pale de disiplin legliz la, e san dout, se sa nou rele ekskominyon an. Disiplin eklezyal piblik la se kou aksyon apropiye a lè echèk yon manm legliz la nan reprezante Jezi tèlman karakteristik e abityèl ke legliz pa kwè ke li se kretyen ankò. Nan moman sa a, legliz la dwe rektifye konfimasyon pwofwsyon de fwa moun sa a. Se fokis disiplinè ankadreman evanjelik ke nou te wè nan chapit pase a. Li pa motive pou konnen lis peche yo ki merite disiplin. Li motive nan yon sèl kesyon: èske legliz ka kontinye afime piblikman ke pwofesyon de fwa moun sa a kwayab?

Nan ankadreman sa a, èske nou ka pi espesifik de kilè disiplin legliz la nesesè?

PECHE KE NOU ESPERE AK PECHE KE NOU PA ESPERE

Nan kèk liy pi dèyè, mwen te kòmante ke genyen kèk liy ki divize ant peche yo ke nou ka tre an prive, ak peche ki bezwen ke tout kongregasyon an mele. Sa a se yon obsèvasyon paralèl: nan kèk kote, genyen yon liy ki divize peche ke ou espere de kretyen yo ak, peche ki fè ou panse ke yon moun pa kretyen. Sètènman, disiplin enfòmèl la e prive a pratike nan tou lède bò liy nan. Men, pandan nap pale nan yon sans jeneral, disiplin fòmèl piblik la, oubyen ekskominyon an jistifye lè yon moun pase de premye tèren an pou ale nan dezyèm nan, owsa, de peche ke un espere yo a peche ke nou pa espere yo.

Genyen yon diferans, pa egzanp, ant yon manti okasyonèl kote gen repantans, e yon manti kote moun nan baze lavi li pandan lap refize chanje sa ki mal. Ann konpare, pa egzanp, manti de moun yo ki di ke yo se kretyen. Premye a ap fè grandizè de ke li te resevwa yon ofèt travay prestijye ke li pat janm resevwa vre; apre sa, li konfese manti a. Dezyèm nan baze tout karyè pwofesyonèl li sou enfòmasyon ki pa vre; apre sa, yo konfwonte li, men li pèsiste nan manti a. Premye manti a se klas peche okasyonèlman ke nou espere de yon kretyen (menm si nou dezire pou sa pata konsa). Pandan nap itilize langaj Pòl la, *vye moun nan* parèt nan lespri kwayan an e lap eseye domine *moun nouvo a*, men moun nouvo a lite kont sa. Dezyèm manti a se yon bagay ke nou pa espere nan yon moun kote Lespri Sen an abite. Pa gen evidans konfli ant vye moun nan ak nouvo a. Sèlamn nou wè vye moun nan.

An tèm jeneral, kretyen yo kote Lespri Sen an abite paka rete pou lontan nan yon peche konsyan. Apre yon bon tan, li vin tèlman anbete-koutwazi Lespri Sena n-ke finalman yo fè sa ki kòrèk.

Disiplin fòmèl piblik la, oubyen ekskominyon an, obligatwa lè yon moun sanble ap viv kontan nan peche konsyan, lè pa gen temwayaj ke Lespri Sen an fèl santil jennen, anplis de degoutans ke yo te dekouvri li a, ak lè karakteristik prensipal la se pou kontinye nan dezi lachè a.

Nenpòt peche se erè. Nenpòt peche ditòsyone Jezi. Men gen kèk nan peche sa yo oubyen patwon peche ki va fè ke tout kongregasyon an pèdi konfyans nan pwofesyon de fwa moun sa a. Nan kèk moman, pawòl moun sa a pèdi kredibilite. Manm sa a ka pwoklame ke li repanti, oubyen li byen, oubyen se pa twò grav, men pou kèk rezon legliz la pa ka kontinye kwè nan pawòl li. Lavi li ki dèyè pawòl li gen twòp kontradiksyon. Donk, legliz la rektifye konfimasyon piblik li, pandan lap separe li de Sent Sèn Senyè a. Li pran paspò li e li anonse ke li pa ka konfime fòmèlman sitwayènte moun sa a nan Wayòm Kris la.

LIBÈTE PASTORAL POU KA YO KI DIFERAN

Konprann disiplin legliz la a travè ankadreman evanjelik la (yon ankadreman kip a motive pou lis peche yo sinon pou kesyon de si legliz la ka kontinye afime piblikman pwofesyon de fwa a), pèmèt yon pi gran libète pastoral pou aji selon sitiyasyon an. Ekriti yo se nouvo gid pèmanan pou sa ke yo konsidere peche, men yo bezwen libète pastoral pou deside ki peche ki bezwen disiplin, e jiska ki pwen li bezwen sa.

De moun diferan komèt menm peche a, men genyen yon pakèt sikonstans ki va afekte pèsepsyon pastè a ak legliz de kisa peche sa a vle di. Yon kontab ki vòlè enpo reprezante yon pi gwo danje ke yon moun ki fè sa pa inyorans, paske kontab la konnen egzakteman sa lap fè a, e li fè sa ak konesans. Yon koup ki pa marye ke yo dekouvri nan fònikasyon pou senkyèm fwa pi merite pwobableman pou yo disipline yo ke yon koup ki pa marye ke yo dekouvri pou premye fwa. Jeneralman, nou espere tou ke kretyen ki fenk konvèti yo tonbe nan peche nan plis fwa ke kretyen yo ki gen matirite. Menm si sa parèt sibjektif, diferan sikonstans yo va afekte sa nou espere de kretyen an. Sa ke nou espere a jwe yon wòl paske nou viv nan tansyon ant tan prezan ak tan kap vini an. Tankou Maten Litè te di, kretyen tan sa a se pechè e jistifye nan menm tan an. Nou espere ke nouvo moun nan ak vye moun nan batay ant yo, e nou rekonèt ke diferan sikonstans (p. ej: tan nan la fwa, ansèyman ke yon moun te resevwa, etc.) va enpoze yo nan yon sitiyasyon konkrèt sou nouvo moun nan ak sou vye moun nan tou. Se poutèt sa, ke disiplin legliz la pa janm trete sèlman kesyon: "ki peche?" tankou si nou te genyen yon mezi pou konnen si yon peche se sifizàman grav pou aplike disiplin. O kontrè, peche yo peze nan yon balans, ak peche a nan yon plato e evidans repantans lan nan lòt plato a (e se pa sèlman repantans de yon peche an patikilye, sinon postè global repantans nan lavi yon moun). Se poutèt sa, lè nou evalye yon posib ka disiplin, nou va toujou evalye dinamik ant manifestasyon repantans global moun lan, ak peche yo ki kontrè a manifestasyon sa yo, pandan nap plante verasite li.

Li va enstriktiv pou tounen fè sonje kondisyon Jezi nan Matye 18 pou ekspoze bagay la devan de oubyen twa temwen anvan pou mennen bagay la devan legliz (Mat. 18:16). Pasaj ke Jezi ap site a, Detewonòm 19, ansenye ke Bondye te vle ke Izrayelit yo te pran gwo prekosyon e asire ke yo tap reyalize jijman kriminèl yo jis ak prekosyon. De menm manyè sa a, Kris te vle ke manm legliz yo ak lidè legliz yo jije chak bagay ak prekosyon. Yo dwe konsidere evidans la, diferan pati nan istwa a, ak sikonstans favorab yo. E yo pa dwe presipite pou emèt yon jijman. Kretyen yo aji lantman, konsyàman e ak gras.

Estanda pou de oubyen twa temwen yo-e an menm tan an legliz la-dwe evalye peche a oubyen patwon peche a se yon sèl byen senp: èske moun nan pa vle repanti yon fwa e yon fwa ankò, de manyè ke manifestasyon repantans li yon ti jan pa kwayab e difisil pou afime? Oswa, èske moun lan kenbe la nan peche a ak tèlman anpil fòs ki eklipse tout pwofesyon la fwa li?

Nan menm tan an, genyen anpil sikonstans ke legliz la dwe konsidere lè li delibere:

- Konbyen tan sa fè depi li kretyen?
- Ki ansèyman li te resevwa?

- Èske pechè a admèt ke aksyon li a te mal?
- Èske li sanble aflije pou peche li a, oubyen gen yon ton kòlè nan konfesyon li a?
- Èske li te konfese rapidman, oubyen se nou ki te fòse jwenn enfòmasyon?
- Èske li te klè sou tout peche li yo, oubyen se nou ki te di li yo youn pa youn?
- Èske li posib pou ke li gen kèk enfòmasyon kache toujou?
- Èske gen yon patwon? Èske li karakteristik?
- Èske li asepte koreksyon an?
- Èske li asepte konsèy sou kouman li dwe lite kont peche a, oubyen li rejte konsèy la, kote li konvenk tèt li ke li konnen pi byen pase nenpòt moun kouman pou solisyone sa?
- Pandan li konfese peche a, sanble li te bò pa nou an konte peche a, oubyen li tap defann tèt li? Yon lòt fason pou di sa, li di nou: ¨Wi, nou gen rezon, sa orib vre. Kisa mwen dwe fè?-oubyen li di nou-wi, ok. Ann gade sa nap fè ¨.
- Èske genyen faktè nan istwa pèsonèl li oubyen familye ki koz ke peche a mwens grav, men wi gen plis tandans pou pase?
- Èske li tap peche pou lòt moun ke li te konfye?

Petèt ke repons pou nenpòt nan kesyon sa yo chanje vèdik legliz la oubyen lidè li a. Men sa ka posib, e anpil fwa, tout faktè sa yo ansanm va enfliyanse si nou kontinye ap konsidere yon moun tankou kretyen malgre tout peche li.

VIZIB, GRAV E ENPÈTINAN

Itilizasyon ke Jezi fè de Detewonòm 19 la, e Pòl kap egzòte kretyen Korent yo *pou jije e ¨jije bagay yo nan lavi sa a¨* (1 Kor. 5:12; 6:2-5) entwi nou, omwen, nan de fason diferan.

Premyèman, Jezi di leliz yo pou egzàse jijman nan fason ke nou te dekri li a, menm si li entèdi, nan nenpòt kote, jijman pou vanjans pèsonèl oubyen jijman farizyen yo ant kretyen yo (Mat. 7:1-2).

Dezyèman, pwosè jijman nan legliz la baze sou sa moun yo ka wè ak je yo e tande ak zòrèy yo, tankou nan yon sal tribinal. Bondye pat bay kretyen yo pouvwa reyon X pou ka wè kè yo. Sa ke li te bay kretyen yo-menm jan ak rès limanite-se je, zòrèy ak sèvo ke yo ka itilize pou konsidere fwi yon moun, e pou egzèse disèneman (1 Kor. 5:12; cf. Mat. 3:8; 7:16-20; 12:33; 21:43). Sètènman, enkredil yo itilize je yo, zòrèy yo ak sèvo yo pou obsève lavi kretyen yo e evalye yo; kretyen yo dwe fè menm bagay la tou. Sa fè pate de sa ki rele pwoteje non Jezi a, pou pa mansyone lanmou bay pechè a, bay obsèvatè enkredil yo ak legliz la.

Jezi te bay legliz yo otorite pou fè deklarasyon poblik ki base presizeman nan fwi piblik oubyen eksteryè moun yo.

Poun di sa nan lòt fason, mwen kwè ke nou pa ka di plis bagay sou ki peche yo ke legliz dwe disipline, sof: ¨lè peche a travèse liy sa ke yo espere yo a sa ke yo pa espere yo¨. Sa va ede nou si nou etabli kèk tip de estanda bazik menmsi sa pa enfalib teorikman. Disiplin eklezyal piblik la dwe egzèse ak peche ki *vizib, grav e enpètinan.*

Premyèman, peche dwe manifeste li vizibman. Legliz yo pa dwe leve drapo wouj pou ekspilse moun chak fwa ke yo sispèk yon moun gen avaris ak lògèy nan kè li. Li dwe yon bagay ke yo ka wè ak je oubyen tande ak zòrèy.

Dezyèman, peche a dwe *grav.* Legliz la ak lidè li yo pa dwe pouswiv chak peche jiska limit li. Nou bezwen plas pou lanmou ki ¨va kouvri anpil peche¨ (1 Pyè 4:8) nan lavi legliz la. Erezman, Bondye pa disipline nou vizibman pou chak fwa ke nou peche.

Finalman, peche a dwe enpètinan. Moun ki enplike a te konfwonte ak kòmandman Bondye yo nan Ekriti yo, men li refize abandone peche a. a tout efè, sanble ke moun nan apresye peche a plis ke Jezi.

Nan pi plis oubyen pi mwens mezi, twa faktè sa yo dwe prezan anvan ke legliz la koumanse ak ekskominyon an.

POUKISA JEZI AK PÒL ITILIZE FOKIS DIFERAN?

Gen lòt bagay ankò ke nou dwe konsidere sou kilè pou disipline, e se yon bagay konplike. Se yon ti wòch ki va bay nesans a yon gran konfizyon si nou pa pran prekosyon. Se kesyon an de poukisa fokis Pòl nan 1 Korentyen 5 lan parèt tèlaman diferan a fokis Jezi a nan Matye 18.

Fòk nou sonje ke nan 1 Korentyen 5 Pòl reprann legliz la paske li tolere yon peche "yon peche ki pa menm mansyonen nan mitan moun lòt nasyon yo; tèlman ke yon moun avèk madanm papa li" (1 Kor. 5:1). Li pa di legliz la pou avèti nonm nan pou wè si ta rive nan repantans. Senpleman li di yo pou yo "wete li nan mitan yo" (v. 2). Pa genyen esperans pou repantans. Pa gen konvèzasyon ant nonm nan ak ansyen yo. Sèlman gen yon apèl imedyat pou aji: "Wete, pèvès sa nan mitan nou" (v. 3). Sepandan, Jezi enstwi legliz yo pou ofri plizyè avètisman anvan pou rive nan ekskominyon an, chak nan avètisman sa yo se yon mach eskalye nan soti pwosè a.

Tantasyon an la a, se pou eksplike diferan fokis yo pandan nap di ke Jezi ak Pòl gen de klas peche nan lespri yo, sa ki vle di ke nou dwe pran yon pwosè oubyen yon lòt pwosè selon tip peche nap trete a. Jezi itilize yon peche tout moun konnen e entèpèsonèl, pandan ke Pòl itilize egzanp yon peche grav. Se poutèt sa, nou dwe itilize premye pwosè a pou bagay ki pi piti yo e dezyèm pwosè a pou bagay ki pi gwo yo.

Sila yo ki te ekri de disiplin legliz la nan trèzyèm ak katòzyèm syèk te konn ale nan direksyon sa a. Yo te detekte de bagay nan zafè 1 Korentyen 5 lan: premyèman, peche te yon eskandal piblik-"yon peche ki pa menm mansyonen nan mitan moun lòt nasyon yo "-; dezyèman, lòd Pòl pou ekskominyon imedyat la-san okenn avètisman-endike ke nan yon ti kout tan sa pat entèresel pou konnen si nonm nan te repanti, paske, ankò, peche a te yon eskandal piblik.

Repitasyon Jezi te gen plis valè, e se pou sa legliz la te aji pandan li tap pwoteje non Jezi, menm si nonm nan te repanti.

Mwen senpatize totalman ak sousi pou repitasyon Kris la, menm jan ankadreman mwen an demontre tout bagay pou abòde disiplin nan. Ak tout sa, mwen pa santi ke entèpretasyon istorik sa a konvenkan pou kèk motif. Pou koumanse, li fè ke desizyon pou ekskominyen an ou non, depann de valè ki nan mond lan, valè yo ki pa sen e yo toujou ap chanje yo. Eskandal nan yon sosyete se enblèm onè nan lòt sosyete (panse sou avòtman ak omoseksyalite). Anplis de sa, ekskomilge moun ke legliz la kwè ki te repanti vle di lage kretyen nan wayòm Satan an. Èske sa pa ta ton enjistis pou kretyen an e dezonèt nan mond lan? Legliz yo pa dwe ekskomilge moun ke yo konsidere kretyen. Si yo fè sa, pratikman se legalism, paske sa fè ke kritè pou dwa manm legliz la *pa repantans ak la fwa,* sinon repantans, la fwa epi pa janm komèt peche sa a ankò.

San dout, fokis Pòl nan 1 Korentyen moutre nou yon pòt kote nou ka soti ki pa konplètman vizib nan Matye 18: pòt ekskominyon imedyat la. E li evidan ke se pòt sa a ke nou va itilize pli souvan ak peche ki vrèman gran yo. Men nou dwe sonje pou pa konsidere sèlman gravte peche a. Sonje byen de pa yo ki bay pou rive nan ekskominyon an, toujou base nan egzamen dinamik ant peche a e pozisyon global repantans moun nan. Nou pa pezwen yon mezi pou peche a; nou bezwen yon balans peche fas a repantans.

Apre tout bagay, kretyen yo ki repanti peche tou. Kesyon nou dwe poze tèt nou an se: Poukisa peche sa a ta dwe kontre-di kwayans nou nan repantans espesifik e global li? Pou reponn kesyon sa anou dwe toujou konsidere toude bò balans lan ak san-sibilite idantite pastoral.

Donk, ki kritè, ki bon pou ekskminyon imedyat la? Yon analiz pi pwofon de 1 Korentyen 5 ak 6 va ede nou jwenn repons lan. Ann gade vèsè sa yo ankò:

5:1-2 Toupatou yap fè kouri bri jan gen fònikasyon nan mitan nou, e ni nan mitan moun lòt masyon yo gen jan de fòni-kasyon sa a; tèlman ke yon nonm ap viva k madanm papa li. E nap fè gran dizè. Èske nou pa ta dwe lamante sa, pou yo ta wete nan mitan nou sila a ki te komèt aksyon sa a?

5:4-5 Nan non Senyè nou an Jezikri, noumenm reyini ak lespri mwen, ak pouvwa Senyè nou Jezikris, se pou yo lage nonm sa a bay Satan pou chè li ka detwi, pou lespri a ka sove nan jou Senyè a.

5:9-11 Mwen te ekri nou ak lèt, pou nou pa mele ak moun kap komèt fònikasyon; non absoliman moun kap komèt fònikasyon nan mond sa a, oubyen ak avaris yo, oubyen ak vòlè yo, oubyen ak idolat yo; enben nan yon ka konsa li ta nesesè soti nan mond lan. Men, mwen ekri nou pou nou pa melea k okenn moun, ki rele tèt li frè, ki komèt fònikasyon, oubyen avaris, oubyen idolat, oubyen moun kap madichonnen, oubyen moun kap bwè tafya oubyen vòlè; piga nou menm manje ak moun konsa.

5:12 Paske, ki rezon mwen ta genyen pou jije sila yo ki deyò a? èske nou pa jije sila yo ki anndan?

5:13 Paske sila yo ki deyò a, Bondye va jije yo. Enben, wete pèvèti sa a nan mitan nou.

6:9-11 Èske nou pa konnen ke enjis yo pa va eritye wayòm Bondye a? pa twonpe tèt nou; ni fònikatè yo, ni idolat yo, ni adiltè yo, ni moun pèvèti kap sèvi fanm ak fanm, gason ak gason, ni vòlè yo, ni avaris yo, ni moun kab bwè tafya, ni mou kap bay madichon, ni moun kap twonpe moun, va eritye wayòm Bondye a. E se sa kèk nan nou te ye; men yo te sove nou, yo te santifye nou, yo te jistifye nou nan non Senyè Jezi, e pa mwayen Lespri Bondye nou an.

Peche nonm nan 1 Korentyen 5:1 se eskandal piblik vre e trè mal, men sa a se pa kle a. Pòl etabli de kategori moun nan vèsè sa yo: sila yo ki moutre sinyal karakteristik repantan, e sila yo ki pa fè sa. Sila yo ki mountre sinyal karakteristik repantans apatyen a legliz la; sila yo ki pa moutre sinyal karakteristik repantans pa apatyen a legliz la paske yo pa va eritye Wayòm Bondye a.

Nou va konprann sa pi fasil pandan nak konsilte tèks pase yo. Dènye ladan yo a moutre nou klèman ke toulède kategori yo: Enjis yo ki pa va eritye Wayòm Bondye a, e legliz la, ki genyen moun yo ki te chanje: ¨E se sa kèk nan nou te ye¨. Pòl pa sèlman dekri peche patikilye gwoup enjis yo, li dekri moun sa yo ke se peche sa yo ki defini yo. E li pa itilize adyetif, li itilize non yo: ¨adiltè yo, avaris yo, idolat yo, moun kap bay madichon, tafaytè, ak moun kap twonpe¨ (1 Kor. 6:9-11). Peche sa yo karakterize moun sa yo. Se sa yo ye. Li evidan pou wè menm karakteristik la nan dènye fraz chapit 5 lan: ¨Enben, wete pèvèti sa a nan mitan nou¨ (5:13). Nonm sa a se yon pèvèti. Vèsè anvan sa a di ke yon nonm konsa pa apatyen a legliz la (5:12).

Li pa difisil pou wè ke Pòl relasyone lis peche yo nan chapit 5 ak 6 lan nan mezi ke lap mansyone menm klas pechè yo: fònikatè a, avaris la, idolat la, moun kap bay madichon an, tafyatè a, vòlè a (5:9-11). (Nou pa dwe presipoze ke lis sa a li pwofon. Chapit 6 la ajoute kèk kategori ankò). Pou yon lòt bò, legliz la pa dwe pataje kominyon li ak moun ke karakteristik li se enpètinans: ¨Mwen te ekri nou pa mwayen lèt, pou nou pa mele ak fònikatè yo¨ (v. 9).

E se egzakteman sa ke nonm nan chapit 5 lan ye: karakteristikman enpètinan. Yo dwe lage li bay Satan pou destriksyon chè li paske chè kenbe li toujou (5:5). Legliz la apwouve aksyon li yo angiz pou ta kondane li (5:2). Pandan setan klèman se yon fònikatè (5:1).

An rezime, Pòl egzije pou yo mete nonm sa a deyò paske li karakteristikman enpètinan. Sinyal prezan yo moutre nou ke nonm sa a pa va eritye Wayòm Bondye a, poutèt sa, legliz la dwe mete li deyò pou nanm li ka resevwa avètisman e pou ka sove. Èske Pòl te gen plis enfòmasyon de nonm sa a ke nou? Li posib. Tout bagay pa klè sou rezon ki fè ke Pòl te rive sou konklizyon sa a de moun sa a, men sa a se konklizyon ke li te rive, ni plis ni mwens: li pa kretyen. *Li pèvèti (5:13)*. Li apatyen a kategori enjis yo (6:9).

Lèn fin rive nan pwen sa a, diferans yo ant fokis Jezi nan Matye 18 ak fokis Pòl nan 1 Korentyen 5 vin pi evidan. Sipozisyon Pòl de nonm nan koumanse jisteman lè pwosè Jezi a fini. Pòl koumanse ak yon enpètinans ki pa fleksib. Pwosè Jezi a ekri ak obejktif pou etabli si ke yon moun fleksibman enpètinan oubyen non (pou etabli sa ke Pòl di a).

Nou ka jwenn lòt diferans ant de pasaj yo nan kantite enfòmasyon ke yo konnen ak nan kantite enfòmasyon ke yo dakò. Nan Matye 18, yon moun kwè ke gen yon peche, men li bezwen pou ke de ou twa moun ankò dakò ak li. Apre sa, li bezwen pou tout legliz la dakò. O kontrè, nan 1 Korentyen 5, tout legliz la konnen sa kap pase a. La a ankò, li koumanse egzakteman lè Matye 18 fini.

Donk, legliz yo, pa ta dwe senpleman abòde peche komen yo pandan yap itilize modèl Matye 18 la, e peche grav pandan yap itilize modèl 1 Korentyen 5. Men pito, legliz yo ta dwe toujou konsidere toude bò balans peche a fas repantans lan. Menm si peche yon moun parèt grav, legliz la dwe konvenk li ke moun nan karakteristikman enpètinan. Petèt legliz la pa sèten de okazyon kote peche a parèt. Petèt manm yo ka santi nesesite pou genyen kèk konvèzasyon e ofri kèk ankourajman oubyen avètisman.

Li pa difisil pou imajine sitiyasyon kote ke yon manm legliz la koupab de youn nan peche yo ki site nan 1 Korentyen 5 oubyen 6, men legliz la deside itilize kòrèkteman pwosè Matye 18 la. Pa egzanp, ann imajine ke yon moun nan legliz ou yon fwa oubyen plizyè fwa nan bwè tafya oubyen nan plizyè fòm fònikasyon. Mwen kwè ke nan kèk nan ka sa yo, egziste posibilite pou bay yon seri de avètisman anvan ekskominyon an, menm jan nan Matye 18 la.

Donk kisa nou fè ak obsèvasyon Pòl la ke peche nonm sa a "menm nan mitan moun lòt nasyon yo"? Yo pa ka inyore ke peche nonm nan se yon esknadal piblik, men, nan opinyon pa m, pawòl Pòl yo sonnen tankou yon touche atasyon ak objektif pou reveye korentyen yo. Yo pap wè kèk bagay ke yo te dwe wè klèman. Mo Pòl yo pa sone tankou mo yon teològ yo ki ap eseye kreye yon blòk peche separe ki chanje tout prensip yo sou kesyon dwa manm legliz la ak ekskominyon an. Mwen ta espere ke Pòl ofri plis ke yon fraz separe si se te entansyon li.

LÈ REPANTANS LAN PA KWAYAB

Gen yon lòt fason pou wè tout epizòd 1 Korentyen 5 lan. San okenn dout, gen kèk peche ki pa tèlman delibere-tankou yon patwon vyolans oubyen asasen-oubyen ki tèlman bay kè plen-

-tankou abi seksyèl ak fwod-ke yo ta bay nenpòt eskiz rapid ki enposib pou kwè. Se pa paske yo pa ka padone peche sa yo, oubyen paske moun lan pa ka repanti imedyatman. Men se pou yo kite yon tan pase e fwi repantans lan dwe evidan anvan ke legliz la ka dekalre padon an ak responsabilite (cf. Ak 8:17-24). Legliz la pa ka kwè konsa konsa nan pawòl yon manm ki tap viv nan peche abityèl delibereman. Se kòmsi si nati kèk peche ta desaktive abilite legliz la pou kontinye afime postè global repantans moun nan, poutèt sa legliz la pa gen lòt remèd ke, nan moman sa a, ke rektifike deklarasyon li. Bò balans la kote peche a ye peze plis ke bò kote repantans lan ye a. tout evidans pozitiv yo fini paske peche a enplike yon gran twonpri.

Pou di verite, se ke genyen kèk peche ke nou pa panse ke yon kretyen ta ka komèt. Pwobableman, si li komèt sa, sa vle di ke li pa kretyen, o mwen, se nan fason sa a ke legliz la va trete moun nan jiskaske legliz retounen vin gen konfyans nan li ankò. Petèt se konsa ke Pòl te wè nonm ki te kouche ak madanm papa li a.

Gen kèk ane de sa ke mwen te reyini regilyèman ak yon jenn gason, ke mwen te rann mwen kont ane pase ke yo te arete li pou yon zak onte. Li te menm parèt nan nouvèl lokal yo. Li te mele nan aktivite sa a sekrètman pandan plis ke yon ane pandan li tap sèvi aktivman nan legliz li. Lè legliz la te vin konn peche a travè arestasyon li, legliz te reyaksyone rapidman e li te sispann dwa manm li. Nonm nan te kriye e li te afime ke li te repanti, omwen, nan moman an, paske li tav yon doub lavi enkòrèk, legliz pat kapab konfye nan pawòl repantans li yo, omwen nan moman an. Nonm nan pat chwazi pwouve repantans li anvan ekskominyon an, sinon apre sa. Mwen kwè ke legliz la te reyaji kòrèteman. Aksyon nonm sa a se te yon menas pou mouton yo e pou temwanyaj Kris la nan mond lan, pandan li tap konvèti sa a yon fazè ijan. Legliz la te fè byen pandan li tap disipline li rapidman, paske ¨Enjis yo pa va eritye wayòm Bondye a¨ (1 Kor. 6:9).

Prensipalman, mwen kwè ke konbinasyon Matye 18 ak 1 Korentyen 5 endike ke legliz yo bezwen rive sou twa konklizyon sa yo anvan pou deside ke tan pou aji a rive:

- Lè legliz la rann kont ke moun nan vrèman repanti, li pa dwe aplike okenn disiplin (e mwen pa ka jwenn okenn eksepsyon pou prensip sa a).
- Lè legliz la rann li kont ke moun nan karakteristikman-se pa pou yon tan-enpètinan, li dwe aplike ekskominyon an.
- Lè yon peche tèlman delibere, ki bay repiyans e ki endike manonj, tèlman ke yon kongregasyon pa kapab kwè deklarasyon repantans lan, li dwe aplike ekskominyon an, o mwens, jis lè yon tan pase pou rekonfye ankò, pandan lap pwopoze tèt li, pandan tan sa a, pou pwouve ke repantans veritab.

PWÒPTE LESPRI OUBYEN POVRETE LESPRI?

Si disiplin eklezyal la se kou aksyon ki kòrèk lè kwayan an fayi nan reprezante Jezi, èske yo dwe espere de legliz la yon pèfeksyon moral?

Nan kèk aspè, sa a se egzakteman estanda ke Jezi pwoklame. Nan Matye 5 li di nou ke jistis kretyen an dwe pi gran pase jistis eskrib ak farizyen yo, oubyen moun sa pa va janm antre nan Wayòm syèl la (Mat. 5:20). Pi devan, li di nou ke kretyen an dwe pafè tankou Papa selès li ki pa fè (v. 8). Legliz yo dwe fè efò vrèman pou repwodwi pèfeksyon Jezi a!

Men Jezi te trè reyalis e konpreyansif; poutèt sa, Matye 5 koumanse ak byenere yo:

- Byenere moun ki pòv nan lespri, paske wayòm syèl la se pou yo li ye.
- Byenere moun kap kriye yo, paske yo va resevwa konsolasyon.
- Byenere moun ki dou yo, paske yo va resevwa tè a pou eritaj.
- Byenere moun ki grangou e swaf jistis, paske vant yo va plen.
- Byenere moun ki fè mizèrikòd, paske yo va jwenn mizèrikòd.
- Byenere moun ki gen kè yo pwòp, paske yo va wè Bondye.
- Byenere pasifikatè yo, paske yo va rele yo pitit Bondye.
- Byenere moun yo kap soufri pèsekisyon akoz jistis, paske wayòm syèl la se pou yo li ye (Mat. 5:3-10).

Kilès ki reprezante Wayòm syèl yo sou tè a? Kilès ki ka wè Bondye epi pou yo rele yo pitit li? Nan yon sans, se sila yo ki sanble ak Papa selès la e ki travay tankou li; menm jan pitit yo fè nòmalman. Papa diven an ak Pitit diven an, yo toulede gen mizèrikòd, kè yo pwòp, yo pasifikaatè. E sètènman, yo te pèsekite Pitit diven an akoz jistis. Legliz la tou ta dwe chèche mwayen pou konfime pitit yo ki menm bagay sa yo tou.

Nan yon mond ki fayi, pitit Bondye yo se sila yo ki rekonèt povrete espirityèl yo tou, ki lamante peche yo, ki kite tout demand yo yon bò ak soumisyon, ki grangou e swaf jistis, e ki rekonèt ke yo manke sa. Poutèt sa, legliz yo pa dwe sezi lè manm li yo ki reprezante Jezi tonbe nan peche; men yo dwe genyen enterè pwofon sou kijan manm yo reponn a peche sa a. Èske yo lamante peche yo? Èske yo grangou e swaf jistis?

Pou di sa nan lòt fason, vrèman moun kap swiv Jezi yo de bagay: yo pi pwòp chak fwa e yo pi pòv nan lespri nan mitan malpwòpte ki rete yo (cf. 2 Kor. 7:11). Nan travay legliz yo pou aplike kle Wayòm nan, dwe chèche toulède.

Yon lè mwen te mande yon ansyen pastè konsèy sou kijan pou aji ak yon zanmi ki tap fè pa pou rive al tonbe nan yon relasyon seksyèl adiltè, ke, erezman yo te kanpe sa anvan sa te rive fèt. Konsèy pastè mwen se te¨Sipriz la se pa paske peche te tante nonm sa a. Sa ki enpòtan se, kouman li va reponn lè ou repwoche li? Se repons ke li va bay a koreksyon an ki va revele ki kote kè li reyèlman ye¨.

KIJAN LEGLIZ LA APLIKE DISIPLIN?

Disiplin fòmèl piblik la fonksyone pi byen nan yon legliz ki abitye nan disiplin enfòmèl e prive. Si ou tante rale epe long e desafyan ekskominyon an anvan ke manm yo asime nesesite pou rann kont youn a lòt, ou va genyen pwoblèm.

Oblibasyon pou rann legliz la kont se yon ekstansyon levanjil la e obligasyon sa a dwe egzèse reyèlman pandan tout lavi legliz la, an prive tankou an piblik. Men si moun yo pa gen abitid pou rann kont pou peche yo, li va pi fasil pou koumanse fè sa nan fason prive a ke piblik la.

Rann kont piblikman ta dwe yon ekstansyon de sa ki te genyan pase nan lavi prive manm yo.

Mwen konnen yon zanmi mwen pastè ki te eseye konvenk

ansyen li yo pou pote yon ka disiplin devan legliz la. Yon nonm ki te kite madanm li. Ansyen yo pat sèten si kongregasyon an te prepare pou ekskomilge yon moun, e poutèt sa yo te aji lantman (petèt twò lantman). Lè ansyen yo, finalman, te rekòmande ekskominyon li devan legliz la, bazikman kongregasyon an te reponn: "Lè a te rive. Nou sipoze fè yon bagay nan ka konsa". Pou di sa yon lòt fason, ansyen yo te gentan kiltive kilti disiplin nan legliz la kòrèkman.

Disiplin eklezyal fòmèl la fonksyone pi byen lè manm yo gentan konnen kija pou bay e pou resevwa yon koreksyon ak lanmou. Paske yo fè sa lakay yo. Paske yo fè sa ak yon envitasyon pou al manje. Paske yo fè sa ak dousè, ak atansyon e toujou se pou byen moun ke yo gen nan lespri yo a. Paske yo pa fè sa ak mo blesan egoyis, tankou si sèlman yo te vle krache li.

Pi devan, mwen pral ekspoze senk lòt prensip ki baze nan Nouvo Testaman an de kijan pou dirije disiplin nan legliz la.

PWOSÈ A DWE MELE MWENS MOUN POSIB

Yon prensip ki klè ki soti nan Matye 18:15-20 se ke Jezi vle ke pwosè koreksyon peche a mele mwens moun posib pou rive jwenn repantans lan. Si yon rankont ant yo de a pwodwi repantans, sa bon! Si li sifi pou genyen de oubyen twa, piga li plis ke sa! Bagay la dwe rive devan legliz lè tout lòt chemen yo fini.

Li klè ke pwosè Matye 18 la presipoze ke pi fò moun yo poko konnen de peche an kesyon an. Lè peche yo gen karaktè piblik-tankou nan 1 Korentyen 5-, petèt li nesesè pou lidè legliz yo di legliz la kèk bagay. Menm bagay la pase nan Filipyen 4, lè Pòl, devan tout legliz la, sipliye Evodi ak Sentich pou mete yo dakò (Fil. 4:2-3). Li sipoze ke tout legliz te gentan konnen de dezakò a.

Pafwa, peche a gen konsekans piblik sa yo ki dwe abòde piblikman tou, menm si moun nan te gentan demontre repantans an prive. Pa egzanp, sa a kapab okazyon kote yon fanm ansent deyò maryaj. Lidè legliz yo kapab deside ke limenm ak konpanyon li-si le asiste legliz la-vrèman repanti, poutèt sa, pa gen nesesite pou disipline yo fòmèlman. Menmsi se konsa, li apropriye pou mennen bagay la devan legliz la ak tandrès. Premyèman, pou yo ka ansenye yon manyè pozitiv opinyon kretyen an de seksyalite pandan lap itilize egzanp koup yo; e dezyèman, pou lidè yo ka temwanye gras Bondye a nan repantans koup la, pandan yap mande legliz la pou resevwa e sèvi koup la ak pitit li. Kit ou vlel, kit ou pa vlel, si ou pa di anyen nan yon sitiyasyon konsa, wap ansenye legliz la ke peche a se pa yon bagay ki grav, e anplis de sa ou va pèmèt ke legliz la tonbe nan pale koup la mal. Si ou pa di anyen, sa kapab pwodwi konfizyon ak mank konfyans.

Sou toude pye kote prensip soutni pwosè disiplin nan kanpe a, ak mwens moun posib la, se dezi pou wè pechè a repanti e dezi pou pwoteje non Jezi.

LIDÈ LEGLIZ YO DWE DIRIJE PWOSÈ A

Peche a twonpe moun e li konplèks tou. Pòl gen rezon lè li ekri: "Frè yo, si yo siprann yon moun nan sa ki mal, nou menm ki espirityèl, se pou nou restore ak lespri ki dou, pandan wap konsidere tèt ou, pou ou pa tante tou" (Gal. 6:1). Apot la konnen ke mouton yo ki pi jenn ka twonpe pi fasil pou fè yon sèl ak pechè a, oubyen omwen, konvenk de agiman pechè a ke peche a akseptab. Se pou motif sa a ke Pòl sipliye *moun espirityèl* yo pou dirije sa.

Referans Pòl fè de *espirityèl yo* pa vle di ke nesesèman yo dwe ansyen legliz la, li te ka di *ansyen yo*. Sa endike ke se yon bon bagay pou mele frè ak sè majè e saj nan la fwa lè yon rankont inisyal ant de moun pat pote fwi. Nan yon tèm jeneral, yo va konsilte ansyen legliz yo e apre sa yo va rele yo pou dirije pwosè disiplinè a, espesyalman si pwosè a ap vin pi elaji chak fwa.

Paske Bondye te bay ansyen yo responsabilite pou sipèvize legliz la, mwen rekòmande kareman ke nenpòt peche ke yo mennen devan legliz la, se pou yo prezante anvan devan ansyen yo.

TAN KE PWOSÈ A VA DIRE VA DEPANN DE KI TAN SA BEZWEN POU KONFIME KE ENPÈTINANS LAN SE KARAKTERISTIK.

San dout, youn nan kesyon ki pi difisil lè nou egzèse disiplin nan se: Èske moman pou pase a lòt nivo a rive? Nan kèk okazyon, Ekriti yo montre pwosè disiplin nan tankou yon mouvman ki lan, tankou nan Matye 18, lè yo rekòmande omwens twa avètisman anvan pou yo mete moun nan deyò. Gen lòt fwa, yo montre sa tankou yon mouvman rapid, tankou nan 1 Korentyen 5, lè Pòl egzije yon ekspilsyon imedyat. E pou yon lòt bò, nou genyen Tit 3:10, ki sanble nan mitan de lòt yo: li rekòmande de avètisman anvan pou pwosede ekspilsyon an.

Tankou nou te wè nan chapit 3 a, diferans prensip ant Matye 18 e 1 Korentyen 5 la se ke yo moutre de nivel diferan nan pwosè global ekskominyon an. 1 Korentyen 5 koumanse kote Matye 18 fini, ak konklizyon de ke yon peche oubyen yon patwon peche ke legliz la konnen se karakteristikman enpètinan. Lè legliz la deside ke yon moun karakteristikman enpètinan, ekskominyon an se sèl solisyon.

Se poutèt sa, e de yon pwen di vi teorik, li relativman fasil pou etabli konbyen tan pwosè disipin nan dwe dire: tan ke legliz la bezwen pou konfime ke moun nan karakteristikman enpèti-nan. Manm legliz yo kapab konsidere temwanyaj la epi rive nan yon konklizyon nan yon minit. Oubyen yo ka egzamine pandan plizyè mwa ak prekosyon evidans yo oubyen pandan yap patisipe nan anpil konvèsasyon pou eseye sèten e pou genyen menm lide a. kesyon de *konbyen tan an* pa difisil pou rezon teorik; li difisil pou rezon de pwòp lavi reyèl la. Nou pa kapab wè anndan kè moun yo, e poutèt sa nou santi responsabilite pou nou pran anpil prekosyon lè yo rele nou pou verifye fwi yo e rive nan yon konklizyon nan yon zafè ki si enpòtan tankou si legliz la ka kontinye temwaye ke yon moun apatyen a Wayòm Bondye a.

Iwonikman, kòm peche ki gen tay mwayen yo pa tèlman peze nan balans la tankou bò repantans lan, pwosè a ka yon ti jan lan. Ann pran pa egzanp yon adiksyon a yon sibstans. Sa pa desakredite pwofesyon de fwa moun nan imedyatman. Men sa bay dout e sa mete legliz la nan pozisyon pou pwouve repantans lan lantman e ak prokosyon. Sa a se lòt leson ke nou ka aprann de mouvman snatrifij ke Jezi moutre nan Matye 18 la. Chak fwa ke kantite moun ki mele nan sa a ogmante, pechè a konfwonte lòt kesyon ankò: Èske ou sèten ke ou vle kontinye nan peche sa a? Gen pafwa ke moun yo twonpe tèt yo pandan yo kwè ke yo genyen Jezi epi kenbe peche prefere yo. Yo bezwen plizyè seri konfwontasyon youn apre lòt pou ede yo rann kont: ¨Non, mwen pa kapab. Mwen dwe chwazi youn oubyen lòt¨.

Kèk vèsè anvan enstriksyon sou disiplin eklezyal la nan Matye 18, Jezi bannou èd pou etabli si moun nan karakteristikman repanti: Èske moun nan prè pou koupe yon men li oubyen rache yon grenn je li angiz pou tounen peche? (Mat. 18:8-9). Nan lòt mo, Èske li prè pou fè tout sa ki nesesè pou lite kont peche a? Nòmalman, lè moun yo repanti, yo trè estrik sou sa ki gen pou wè abandon peche a. Se sa ke Lespri Sen an pwodwi anndan yo. Lè sa pase, nou ap tan pou wè dispozisyon pou aksepte konsèy lòt moun. Yon revizyon pou revize priorite li yo. Yon dispozisyon pou konfese bagay ki jennen. Yon dispozisyon pou fè sakrifis ekonomik, oubyen pou pèdi zanmi, oubyen koupe zanmitay.

Pou yon lòt bò, plis yon peche pi gwo e pi odasye oubyen yon patwon peche, li plis peze nan lòt bò balans lan kont repnatans lan ₁. Li desakredite pwofesyon de fwa moun nan pi rapidman e sa pote legliz la pou aji pi rapidman. Pa egzanp, gen yon diferans ant dekouvri ke yon moun komèt adiltè an seri oubyen yon alkolik. Toude peche yo va fini ak kredibilite pwofesyon la fwa li, men mwen pèmèt mwen di ke premye peche a va fè sa pi vit ke dezyèm nan.

Nòmalman, peche grav yo akonpanye ak kèk danje, pandan lap konvèti tout sitiyasyon an nan yon zafè ijan. Nou genyen danje eskandal piblik la ak prejije ke yo ka akize non Kris la (1Kor. 5). Nou gen danje divizyon ak domaj sa ka koze legliz la (Tit 3:10). Nou gen danje fo ansèyman, e ankò, domaj ke sa ka koze legliz la, espesyalman a mouton ki pi jèn yo (cf. 1 Tim. 1:20; 2Jan 10-11). De tout fason, legliz la pa dwe koumanse ekskominyon an sèlman pou danje yo, menmsi prezans yo endike severite peche a e demontre poukisa legliz la pa dwe kontinye konfime pwofesyon la fwa moun sa a. An rezime, prejije a (domaje non Kris; li menase ak divizyon oubyen fo ansèyman; li domaje lòt mouton) pa dwe konsidere tankou baz disiplin nan, sinon tankou temwen ki apiye pou demoutre ke yon ak disiplinè rapid se aksyon kòrèk la. Se pou sans ijans legliz la ogmante tou, tèlman ke nan reyinyon yo ak pwosè nesesè yo ka prepare pi rapidman.

An definitiv, tan pwosè a va dire a konplètman kondisyone pa tan ke yo bezwen pou konvenk pati ki enplike yo ke moun nan karakteristikman repanti oubyen enpètinan. Legliz la dwe konsidere sikonstans peche a pandan lap mete bagay sa yo nan yon plato balans lan, e tout evidans repantans yo nan lòt palto a. Pafwa, gen lòt enfòmasyon ki va parèt ki va fè balans lan enkline nan yon bò oubyen nan yon lòt bò. Men lè legliz la rive sou konviksyon ke li genyen tout enfòmasyon pètinan de toude bò balans yo, e balans lan sispann souke, li gen obligasyon pou aji selon bò ki pi peze nan balans lan. Pwosè sa a ka dire yon minit oubyen yon ane.

MOUN YO DWE RESEVWA BENEFIS DOUT LA

Menm jan nou te wè l la, Jezi òdone nan Matye 18 yon bagay ki sanble ak yon pwosè jidisyèl ak prekosyon: ¨Tout bagay rezoud pa mwayen temwanyaj de ou twa temwen¨ (v. 16, NVI). Se pou yo konsidere tout akizasyon. Se pou yo prezante tout evidans yo. Se pou yo koute tout temwen yo. Sa vle di ke kretyen dwe aji lantman ak prekosyon, men sa vle di tou ke legliz yo dwe abòde ka disiplinè yo pandan yap sipoze inosans: ¨inosan jiskaske yo deoutre kontrè a sa¨.

Nou dwe aplike prensip sa a, non sèlman nan ka disiplinè fòmèl, sinon lè nou konfwonte yon frè oubyen ton sè an prive tou. Nou dwe bay moun yo benefis dout la. Apre akizasyon yo dwe genyen kesyon ki vini. Nou dwe jwenn presizyon anvan pou nou pwononse jijman an.

Nan sa ki gen pou wè ak disiplin nan, tankou nan nenpòt lòt sijè nan lavi: "tout moun dwe prè pou koute, lant pou pale, e lant pou fè kòlè" (Jak 1:19).

ANSYEN YO DWE MELE KONGREGASYON AN EPI ENSTWI LI

Diferan tradisyon denominasyonèl genyen diferan manyè pou mele kongregasyon an nan pwosè disiplin fòmèl la. De manyè pèsonèl, mwen rekòmande pou mele kongregasyon an tankou yon prensip biblik ki baze nan Matye 18 (lè Jezi enplike *legliz la*), e nan 1Korentyen 5 (lè Pòl egzije pou tout legliz la pran responsabilite li). Pou sila yo ki poko konvenk de kondisyon eksplikasyon, menmsi sa, mwen sijere yo pou chèche mwayen pou mele legliz la tankou yon kòmandman teolojik pastoral. Teolojikman palan, Pòl mande chak pati nan legliz la pou egzèse enpati yo ak eksperyans chak pati nan kò a e pou yo apropriye yo de yo, swa jwa oubyen doulè (1 Kor. 12:21-26; cf. Ef. 4:16). Disiplin legliz la, prensipalman nan etap final li yo, se yon bagay ki vle di anpil bagay nan lavi kò a, ki apropriye li de sa nan vèti inyon li ak Kris. Pastoralman palan, se yon bagay ki vle di anpil ke chak pati dwe apropriye yo konplètman. Tout moun va aprann nan sa. Tout moun va resevwa avètisman e resevwa defi. Tout moun kapab genyen kèk bagay pou apòte.

Nan yon pratik kongregasyonèl, yo va mande legliz pou vote-
-nan kèk ka-oubyen pou rive nan yon akò-nan lòt ka-de aksyon
definitiv ekskominyon an, yon aktivite ki sanble genyen presedan
nan ekriti a. Konsidere mo *majorite* a_2 nan 2 Korentyen 2:6 (NVI).

Nan lòt tip de pratik, yo pa mande kongregasyon an pou mele
nan desizyon final pou ekskomilge yon manm men mwen kwè ke
lidè legliz yo-nan nenpòt tip de pratik-dwe mele kongregasyon an
nan kat lòt fòm.

Premyèman, lidè eklezyal yo dwe *di legliz la sa* anvan yo
mete yon moun deyò (Mat. 18:17). Pandan yap asime ke
manm nan pa nan yon sitiyasyon ki merite ekspilsyon ime-
dyat, sanble ke Jezi bay yon peryòd tan ant enfòme legliz la
e menm aksyon ekspilsyon an: ¨(...) di legliz la sa; e si li pa
koute legliz la, pran li (...)¨. Li posib pou ke pa sa a ofri manm
legliz yo pou genyen yon relasyon amitye ak moun enpètinan
an, opòtinite pou chèche repantans li. Anplis de sa, sa prepare
kongregasyon an pou aksyon definitiv ekspilsyon an rive. Sa
bay opòtinite pou travay e prepare kesyon anvan pou anonse
desizyon final la.

Dezyèman, lidè eklezyal yo dwe kominike legliz la ke yo te
disipline yon moun (si yo pot ko mete legliz la o kouran sou de-
sizyon an, se ke mwen panse ke yo te dwe fè deja). Si legliz la pa
mele, yo dwe enfòme li de ekspilsyon moun nan. Ekriti yo egzòte
kretyen yo pou chanje notableman relasyon yo ak moun ke yo

ekspilse a-jan mwen detaye sa nan pwoche pwen an-; poutèt sa, kwayann yo dwe o kouran e ekspilsyon moun nan.

Twazyèman, lidè eklezyal yo dwe enstwi kongregasyon an e dirije li sou kouman enfoke aksyon posib oubyen reyèl de eksko-minyon. Anpil fwa, jèn kretyen yo siseptib pou mete konfyans yo nan moun ke yo pa dwe (pafwa tankou Bondye te di Izrayèl). Lidè yo va ede yo pou pa frape pye yo si yo eksplike tèks biblik pètinan yo e moutre yo kisa sa vle genyen yon kè ki kraze, plen ak verite, lanmou ak konpasyon.

Pandan nap siv nan liy sa a, lidè yo dwe enstwi manm yo tou de kouman pou relasyone yo ak moun ki te ekskomilge. Nouvo Testa-man abòde sijè sa a nan plizyè kote (1Kor. 5:9, 11; 2 Tes. 3:6, 14-15; 2 Tim. 3:5; Tit 3:10; 2 Jan 10). Konsèy bazik ke ansyen nan pwòp legliz mwen yo ofri se ke ton general relasyon an ak moun ki anba disiplin nan dwe chanje notableman. Relasyon an pa dwe karakteri-ze pa enfòmalite, sinon pa konvèsasyon delibere yo de repantans lan. San okenn dout, manm yon fanmi dwe kontinye konpli ak obli-gasyon familye yo (cf. Ef. 6:1-3; 1 Tim. 5:8; 1 Pyè 3:1-2).

Katriyèman, lidè yo dwe dirije kongregasyon yo pou yo toujou ap priye e genyen esperans nan repantans lan, e pou yo prè tou pou resevwa pechè a e rekonsilye ak li. Jan de lidèchip sa a genyen plas li a travè ensèyman pridan ak egzanp pèsonèl. Pèsonn pa dwe doute de ke kit lidè yo kit legliz la pa ka konsole e yo pa vle lòt bagay ke rekonsilysyon ak manm ki separe a.

FOKIS LEGLIZ MWEN AN

Li posib pou ke ou te rann ou kont ke mwen pot ko etabli yon gid pazapa pou abòde ka disiplin nan legliz la. Sa se paske, an pati, ke Ekriti yo bay diferan manyè pou abòde disiplin fòmèl la. E sa se paske diferan pratik bay diferan mezi. E se paske tou, pou fini, ke lidè legliz yo bezwen egzèse sajès pou disène ki prensip ki nan Ekriti a ki pètinan e aplikab.

Sa ke mwen kapab fè se eksplike kouman pwosè pwòp legliz mwen an fonksyone nòmalman. De manyè jeneral, nou pratike patwon ki etabli nan Matye 18 la. Yo te ansenye moun yo pou abòde bagay yo an prive anvan. Si pa gen repantans an prive, yon ansyen oubyen plizyè ansyen va mele; premyèman yon sèl e, si sa pa fonksyone tout gwoup la, menmsi moun yo pa toujou prè pou pèmèt sa. Nan pwen sa a, ansyen yo va itilize nenpòt entèval ant kèk jou ak kèk mwa pou etabli si yo va mennen bagay la devan kongregasyon an. Si yo deside enfòme kongregasyon an, yo va prezante enfòmasyon pètinan yo nan yon reyinyon prive (manm sèlman). Yo va bay non moun nan e yo va dekri ki klas peche san yo pa antre nan anpil detay. Ansyen yo va eksplike nenpòt lòt zafè adisyonèl ke yo konsidere pètinan pou rive jwenn repantans moun nan, e yo va egzòte kongragasyon an pou priye pou repantans manm nan. yo va eksplike tou se si sitiyasyon an pa chanje, posibleman, yo va pwopoze ekskominyon an nan pwochèn reyinyon manm, ke yo konn genyen nan de mwa. E ansyen yo va reponn a kesyon manm yo. Nan ka ke yo rive nan pwoche reyinyon manm nan, e nan ka ke ansyen yo kenbe plan ekskominyon an, yo va chèche konnen si gen kesyon e yo va òganize yon votasyon nan mitan manm yo. Si manm yo vote wi pou ekskominyon moun nan, enben ansyen yo va enstwi kongregasyon an sou kouman pou relasyone yo ak èksmanm nan.

Menmsi pwosè a toujou devlope menm jan, nou pa janm bliye prensip sa yo:

- Pwosè a dwe mele mwens moun posib pou prodwi repantans.
- Lè pwosè a chape nan men youn oubye plizyè moun, lidè legliz yo dwe dirije pwosè a.
- Tan pwosè a va dire a depann de konbyen tan ke yo bezwen pou konfime ke moun nan karakteristikman enpètinan.
- Moun yo dwe resevwa benefis dout la jiskaske evidans yo demoutre le kontrè.
- Lidè yo dwe mele e enstwi kongrgasyon an kòrèkteman.

---

1 Kisa ki yon "Gwo" peche? Se yon peche ki detwi pechè a, legliz la, non Kris la, oubyen lòt moun an jeneral nan yon fason pi rapid e vizib. Pa egzanp, si yon moun defalke sa domaje plis ke si yon moun vòlè nan yon boutik e yon ansasinen domaje plis ke si yon moun defalke.

2 Nan vèsyon Reina-Valera 1960 la li di "pou anpil" (N. del T.).

KOUMAN RESTORASYON AN FONKSYONE?

Si disiplin eklezyal fòmèl la mennen sou ekspilsyon manm nan legliz la ak la Sèn Senyè a, kouman restorasyon an fonksyone? E nan ki moman sa aplike? Sa yo se de kesyon ke nou pral konsidere pi devan: kouman e nan ki moman.

KISA RESTORASYON AN YE?

Piske se legliz la ki te ekskomilge moun nan, bazikman, restorasyon an se ke legliz la deklare ke yo te padone moun nan e pou konfime sitwayènte li a nan Wayòm Bondye a.

Pòl, nan dezyèm lèt li te ekri moun Korent yo, abòde yon lòt ka de disiplin eklezyal, men nan okazyon sa a li dekri kisa restorasyon an vle di. Li pa ofri nou detay peche a, menmsi li dekri restorasyon konsa:

"Li sifi pou moun sa a, represyon sa ke anpil moun te fè a; se konsa, o kontrè, nou menm nou dwe padone li pito e konsole li, pou l pa konsome anba twòp tristès. Se poutèt sa mwen priye nou pou konfime lanmou nou ak li" (2 Kor. 2:6-8).

Pifò moun nan kongregasyon an te travay-vote?-nan objektif pou pini moun nan. E kounye a Pòl di yo pou padone li, pou konsole li e pou konfime lanmou yo ak li.

Anplis de sa, egzòtasyon pou padone moun nan se yon eko de pawòl Jezi yo nan Levanjil selon Jan an, ki se paralèl ak pawòl li yo de kle yo nan Levanjil selon Matye a: "Moun nou padone peche li yo, yo va padone" (Jan 20:23). Jezi te restore Pyè yon ti tan apre deklarasyon sa a (Jan 21:15-17).

Depi legliz la te fin deside restore kominyon li ak la Sèn Senyè a ak yon moun ki repanti, pa dwe genyen yon peryòd prèv oubyen yon dwa manm dezyèm klas. O kontrè, legliz dwe anonse padon li piblikman (Jan 20:23), konfime lanmou li pou moun ki repanti a (2 Kor. 2:8), e selebre sa, menm jan ak papa ke pitit li te pèdi a (Lik 15:24).

Pwòp legliz mwen an te ekskomilge yon moun yon fwa pou yon sitiyasyon epine ki te ajoute yon patwon peche dezonèt, grav e enpètinan. Erezman, finalman li te repanti, e legliz te nan pozisyon pou anonse padon li e pou knfime kominyon li. Sa a se pwopozisyon ke ansyen te prezante legliz la:

"*Pwopozisyon:* Ansyen yo kontan pou rekòmande manm yo ke yo rekonèt ak gratitid a Bondye repantans frè nou, ke nou manifeste fòmèlman padon nou anvè li pou aksyon li yo kont nou, e ke nou renouvle piblikman manifestasyon kominyon nou ak li, de lanmou pou li, tankou frè nou nan Kris. E nou fè tout sa ak gratitid a Bondye pou fidelite li genyen nan Pawòl li ak tout moun ki onore li nan obeyisans".

Legliz la sèlman te konfime. Se te yon moman de jwa.

Èske restorasyon an enplike pou mete moun nan ankò nan dwa manm legliz la? Nan pifò ka yo, mwen ta di wi. Repantans nesesè pou restorasyon an va parèt, ak lòt bagay ankò, pou yon dispozisyon pou reyini ak legliz la e soumèt li devan direksyon li. Men, prensipalman, mwen kwè ke restorasyon an sanble al batèm nan. Batèm nan, anpil fwa menmsi se pa nesesèman enplike akseptasyon nan dwa manm legliz la (panse sou egzanp enik etyopyen an nan Ak 8:38-39). Menm jan an tou, restorasyon an, anpil fwa menmsi se pa nesesèman enplike restorasyon nan dwa manm legliz la. Moun mwen te pran pou egzanp la tap viv nan lòt peyi lè legliz la te vote pou pwopozisyon ke nou te mansyone a. Moun sa a te voye yon mesaj kote li tap konfese peche li epi pandan li tap mande kisa li te ka fè pou restore relasyon an. Pwopozisyon sa a se te konklizyon sijè a apre echanj kèk korespondans.

NAN KI MOMAN YO APLIKE RESTORASYON AN?

Nan ki moman yo aplike restorasyon moun nan nan legliz la? Repons la senp: lè pechè a repanti e legliz la konvenk ke repantans lan reyèl paske manm yo wè fwi nan lavi moun nan. Restorasyon an aplike lè legliz la prè ankò pou prezante li devan nasyon yo e garanti pwofesyon de fwa moun nan.

Pafwa, demonstrasyon repantans lan chanje nwa e blan: yon nonm ki te abandone madanm li, tounen ak li. Pafwa, demonstrasyon an rete koulè gri: yon moun ke yo te atrape nan yon sikl adiksyon, te ka pa fin konbat adiksyon an totalman, men genyen plis viktwa kounye a ke nan tan pase e lap lite kont adiksyon an ak lòt fòs nèf.

Evidans nesesè pou rekonèt repantans lan kapab varye de yon peche a yon lòt e li pa toujou fasil pou disène si repantans lan veritab. Ansyen yo nan pwòp legliz mwen afwonte yon dilèm konsa yon lè. Yon moun ke legliz la te disipline tap montre kèk repantans, men li tap montre siy ke kè li tap dòmi toujou. Lè noumenm ansyen yo nou te delibere sou zafè rekòmande restorasyon nonm sa bay kongregasyon an, nou te ka wè toude bò e nou te santi pèz pawòl Pòl yo de pou pa kite pou nonm sa konsome ak twòp tristès. Nan votasyon final la sèt bilten soti kont restorasyon an e sis an favè.

San dout, li posib ke tankou ansyen nou te ka komèt yon erè, menm jan sa ta ka ye pou nenpòt desizyon tankou moun ke nou ye oubyen tankou legliz. Men ni manm majorite, ni manm minorite, nou te konfye ke Bondye ta fè travay li a travè deliberasyon nou ki enpafè e ki pa menm. Erezman, Bondye itilize komite ansyen kap doute ak pwosè falib tankou pa nou yo.

Sajès pou valorize prèv repantans yo bezwen ekilib ant prekosyon e konpasyon. Anpil fwa, sa vle di ke pwosè dwe devlope lantman (men se pa twòp). Nan chapit 3 a, mwen te rakonte istwa zanmi m nan ke legliz li te ekskomilge akoz yon tip peche onte. Erezman, menm kote yo te konfwonte li, li te abandone zak la (yon bon sinyal). Li te prè pou reyini plizyè douzèn fwa ak de ansyen nan legliz la pou resevwa konsèy (yon bon sinyal). Men asistans li nan legliz la ak rankont pou konsèy yo te evantyèl (pa bon sinyal). Jan mwen te sijere nan liv sa a, pastè legliz sa a ap travay ekilib ant prekosyon ak konpasyon, e kouman pou deplase lantman men pa twòp. Pastè prensipal legliz sa a te ekri resàman: ¨Nou kontinye konfye ke Senyè a va restore li trè pwochen! Nou ta renmen pou sa pase vit, pou li pa depasyante. Men nou pat kapab avanse rapid tankou nou te vle a. Tanpri, priye pou ke li ka chèche Senyè a kan serye ¨.

Tankou mwen te di anvan an, li ta bon pou genyen yon manyèl prensip pou moman sa yo: ¨lè ou kontre ak sa, fè sa¨. Men sanble ke Senyè a te pretann ke legliz li yo aprann sa konfye nan sajès ke li pwomèt bay la vle di menm nan dilèm ki pi difisil yo, pandan nap fè sonje nan menm tan an ke nou depann de li.

ÈSKE LÒT LEGLIZ YO OBLIJE RESPETE DESIZYON NOU?

Gen yon dènye kesyon ki merite pou egzamine li lè nou pale de disiplin ak restorasyon. Èske lòt legliz yo oblije respete desizyon yon legliz ki ekskomilge yon moun? Nan lòt mo, èske yon legliz ka resevwa yon moun ke lòt legliz te disipline tankou manm?

Diferan tradisyon denominasyonèl genyen diferan repons a kesyon sa a. an pati, kèk tradisyon te etabli pandan yo te baze nan konviksyon ke legliz enstitisyonèl la ale pi lwen ke legliz lokal la, presizeman, pou jan de bagay sa yo pa pase. Nan kèk mezi, desizyon yon chèf legliz ta dwe valab pou lòt chèf legliz.

Men sa pa sèlman verite pou katolik yo ak angliken yo. Kèk batis nan istwa a te defann ke lè yon legliz ekskomilge yon moun, moun sa a kontinye anba otorite legliz sa a, omwens jis li wete sanksyon an. Pandan tan sa a, lòt legliz batis pa ka wete otorite premye legliz la pandan lap resevwa moun sa a tankou manm.

Nan opinyon pam, agiman sa a nan erè. Legliz yo gen otorite pou resevwa moun ki anba disiplin lòt kongregasyon. Sa kapab saj pou pa fè sa. E ak tout sekirite, li ta merite envestige motif ki fè premye legliz la disipline li a. Men finalman, Jezi te bay tout kongregasyon yo otorite kle a pou mare e demare, e desizyon yon kongregasyon pa gen pou wè ak yon lòt.

Lè yon legliz ekskomilge yon moun, li remèt li bay Satan (1 Kor. 5:5). Sa vle di ke li wete konfimasyon li de ke moun nan apatyen a Wayòm Bondye a, kote otorite redanmtè Bondye a ap renye. Li deklare ke moun sa a apatyen a wayòm Satan an, wayòm kote Satan ap gouvène (Mat. 4:8-9; Jan 12:31; 14:30). Legliz pa gen plis otorite sou manm ki ekskomilge a ke sou nenpòt lòt enkredil nan espas Satan an. Pou motif sa a, Jezi di pou nou trete li "tankou si li te enkredil oubyen yon rebèl" (Mat. 18:17, NVI); tankou yon moun ki pa apatyen a Bondye ni a kominote kontra a.₁

Èske map di ke legliz yo dwe aji yon manyè totalman otonòm youn de lòt? Non. Legliz nan Nouvo Testaman yo te klèman entè-depandan. Poutèt sa yo tap chèche fè lòt legliz yo plen, pou resevwa bon ansèyman e travay ansanm pou la verite (cf. Ak 11:28-30; Kol. 4:16; 3 Jan 5-8). Yo te konn avèti youn lòt de fo pwofèt ak move moun (1 Jan 4:1-3; 3 Jan 9-10). Pati nan entèdepandans sa a dwe mete ladan l tou ede youn lòt nan resepsyon e ekspilsyon manm. Poutèt sa, dwe genyen konvèzasyon ant legliz yo sou zafè disiplinè a, tanzantan, e anndan limit pridans lan. Men nan menm tan an, chak legliz responsab devan Bondye pou pran pwòp desizyon yo.

₁ Èske legliz yo dwe trete moun disipline yo de yon fason diferan a enkredil yo (p. ej.: "ni nou pa dwe manje ak moun konsa", 1 Kor. 5:11)? Wi. Men èske se pa yon fason pou kontinye egzèse otorite? Non. Se yon fòm otorite ki egzèse sou pwòp manm legliz yo, tankou lè yon manman di pitit li yo pou pa mele ak kèk jan de gwoup nan lekòl la. Otorite a se sèlman sou pitit yo, non gwoup malen yo. Lè li mande manm yo pou yo pa mele ak manm ki ekskomilge, legliz la ap pwoteje manm li yo, an menm tan an tou, lap pwoklame ke pwofesyon de fwa moun sa a pa veritab.

APLIKE PARAMÈT YO

(AK EGZANP REYÈL)

Mwen te prepare egzanp reyèl sa yo pandan mwen te itilize ka nan lavi reyèl kote mwen te pran pa, oubyen kote yo te rakonte mwen. Malgre mwen te itilize eleman lavi reyèl, mwen te chanje detay yo nan divès fòm, e menm itilizasyon jeneral Jozèf ak Àn nan.

Pou pa repete e sove espas, mwen te evite eksplike detay, men nan plas li mwen voye lektè a nan chapit kote mwen devlope prensip ke mwen itilize a: (chap. 3) oubyen (entrodiksyon).

Mwen pa pretann ke desizyon ke yo pran nan pwochen paj yo toujou reprezante dènye mo a. kèk ladan yo ka nan erè. Malgre sa, yo reprezante pi bon efò legliz mwen-oubyen lòt legliz-pou aplike ankadreman evanjelik ki dekri nan chapit 1 rive nan 4 la.

Tout sitiyasyon yo reyèl nan kontèks yon modèl kongregasyonèl ke ansyen yo dirije. Sa vle di ke ansyen yo dirije pwosè disiplin nan lè li rive nan kèk nivo, men kongregasyon an genyen dènye mo a pou etabli ke si ekskominyon an dwe kontinye, sa ki va fèt ak votasyon nan yon reyinyon manm sèlman.

MOUN KI KOMÈT ADILTÈ A

Jozèf te mele aktivman nan ministè benefisans legliz li, li tap menm ede pou dirije li. Pi bon zanmi li yo-ki te ansyen nan legliz la-te genyen konvèzasyon ak Jozèf sou dout yo te genyen de la fwa kretyen an. Yon jou, madanm Jozèf te pran kontak ak youn nan ansyen yo e li te di li ke Jozèf te fenk mele nan yon avanti deyò maryaj li, petèt plis ke yon fwa. De ansyen te reyini plizyè fwa ak li an prive, pandan yo tap trete zak adiltè a ak dout yo, men sa pat gen rezilta. Jozèf te admèt ke zak li yo te mal, men repons ke li te bay a kesyon si li ta pral kontinye ak lòt fanm nan te yon jan konfiz e li tap evade sa. Kèk semèn apre, Jozèf te di de ansyen yo ke li tap kite madanm li paske maryaj li te kraze. Apre kèk jou li al viv lòt kote.

Èske yo dwe ekskomilge Jozèf? Wi, se sa menm, Rapid?

EVALYE PECHE A

Adiltè a se yon peche grav ki mete an dout pwofesyon de fwa moun nan imedyatman. Kèk moun ta va di ke li detwi li konplètman. Se yon zak trayizon serye ke menm enkredil yo rekonèt sa nòmalman tankou erè, menm jan nou konn wè ke pafwa politisyen yo pèdi plas yo si yo dekouvri yo nan adiltè. Adiltè a degrade Jezi pwofondman, paske li pat janm rive nan enfidelite ak madanm li. Sa detwi maryaj yo, timoun yo, legliz yo ak zanmitay yo.

Nan lòt mo, adiltè se pa yon peche ke yon moun tonbe inosàman oubyen san konesans. Se yon peche delibere e de premye degre ki montre yon kè ki di anpil e kap twonpe.

Nan kèk sikonsatans, li merite pou mennen sa nan ekskominyon imedyat. Pa egzanp, se ta va sitiyasyon kote yo ta va dekouvri yon patwon ki repete, angiz, yon sèl fwa, oubyen si yo te klè ke moun nan deside kontinye nan peche.

EVALYE REPANTANS LAN

Si yo dekouvri yon moun ki komèt adiltè-tankou Jozèf-, nou ta ka tan pou reponn a la defansiv, omwen nan koumansman, menmsi li se kretyen. Apre tout bagay, kè li te dwe vin di sifizàman pou chite yon fason konsa. Malgre sa, kè kretyen an ta dwe fonn nan kèk jou, si se pa nan kèk èdtan, lè li konfwonte imoralite seksyèl. Nan pawòl Pòl, nou ta dwe tan ke yon moun ki komèt adiltè ki repanti karakterize pa yon tristès ki sen e ki sensè, pa yon enpasyans pou fini ak peche a, pa yon endignasyon kont peche a, krent, efè ki cho, zèl, ak lòt bagay (2 Kor. 7:11).

Men yo te avèti Jozèf depi nan koumansman. Sa pat klè ke li te vle lite kont peche a, li pat gen entansyon nonplis pou abandone li. Pandan de premye semèn yo-lè se sèlman de ansyen ki te konnen sitiyasyon an-Jozèf te pat sèten sou ki chemen ke li te dwe chwazi. Poutèt rezon sa a, yo te deside pa aji imedyatman.

FAKTÈ KONPLEMANTÈ YO

Dout ke ansyen yo te sipoze ke Jozèf te genyen sou la fwa a te enfliye nan desizyon yo pou pat aji imadyatman. Jozèf te menm koumanse ap jwe ak lide ke li pat kretyen, bagay ki te afekte konplètman kouman pou konfwonte sitiyasyon an; sonje diferans ke Pòl fè ant mele ak fònikatè mond sa a e fònikatè ki *rele* tèt yo frè (1Kor. 5:9-11). Ansyen yo te konnen ke dout yo ak enfidelite a te gen koneksyon, men yo pat klè sou kilès ladan yo ki te anvan.

KONKLIZYON

Menm kote ke Jozèf te anonse ki li tap abandone maryaj la-pandan li tap demontre desizyon pou ale lòt kote-ansyen te detèmine ke sa te karakteristikman enpètinan (chap. 3). Yo te avèti Jozèf plizyè fwa, men li te deside pou kontinye nan peche li a plis ke Jezi. Li te konnen sa li tap fè. Poutèt sa, e ak apwi tout gwoup ansyen yo, de ansyen te pwopoze ekskominyon imedyat pou Jozèf (chap. 3 ak 4). Tout legliz la tankou yon kò de dakò ak sa.

MOUN KI GEN ADIKSYON AN

KONTÈKS

Àn te gen adiksyon ak jwèt. Li te grandi nan yon kay kote paran li te konn jwe pou divèti yo e yo pat janm rive gen konsekans grav. Paran li te menm konn ba li yon kantite lajan fiks pou jwe aza nan vwayaj familye yo te konn fè Las Vegas. Men nan fakilte a, dezi pou jwe aza a te vin obligatwa. Li te ale nan anpil kazino. Li te enskri nan anpil jwèt sou entènèt. Li te genyen aplikasyon pou jwèt nan telefòn selilè li.

Apre fakilte a, Àn te konvèti e adiksyon li pou jwèt la te kanpe radikalman, pi plis paske li te okipe ak la fwa tou nèf la. Yon ane e kèk mwa apre, li te vin koumanse ap jwe plis ankò. Nan koumansman, sa te parèt yon jan agreyab-pou zanmi kretyen yo ki pat gen matirite-istwa li yo de jwèt la. Men yo pat pase anpil tan anvan ke yo te rann yo kont ke li te gen yon pwoblèm serye. Youn nan yo te konfwonte Àn dirèkteman e li te rekonèt ke jwe aza te ka yon pwoblèm si li te pratike sa san responsabilite, men Àn te di ke li genyen tout bagay anba kontwòl.

Enben Àn te marye. Nan yon ane, adiksyon Àn nan te vin pwoblèm santral maryaj li. Nan koumansman, li te a la defansiv lè mari li tap konfwonte li, pandan li tap di li ke limenm tou te peche lè l te konn jwe sou match baskètbòl nan inivèsite a lè yo te renmen. Men Àn te vin fè yon sispann apre yon mal eksperyans lè li te pèdi kèk mil dola; li te admèt ke li te gen pwoblèm adiksyon a jwèt aza e li te deside abandone sa. Yo te rele zanmi li yo ki legliz pou bay eksplikasyon.

Mwa yo te pase. Obligasyon pou rann kont la te yon jan difisil nan koumansman, men sa te vin ap diminye. Àn te koumanse ap jwe aza ankò e pwoblèm nan te grandi rapidman. Premye fwa ke li te soti, li te riske nan jwèt aza ki wo e li te pèdi yon kantite lajan ke li pat janm pèdi anvan sa. Nan demen, li tap eseye soti nan pwoblèm nan pandan li tap jwe aza ankò, men pwoblèm nan te vin pi gwo. Nan moman sa a li te vin gen yon kriz-menm dlo nan je ak lòt pwomès-e li te pwomèt pou vizite konsèy legliz la. Men nan mwa pi devan yo vis la te repete plizyè fwa.

Finalman, yon jou swa yon ansyen te resevwa yon apèl telefonik de mari Àn nan: ke yo te fèmen li tou sou, apre li te gen pwoblèm ak yon ofisyèl polis ki pat nan sèvis. Li te nan yon kazino, li te pèdi kèk mil dola, li te santi li fatal, li vin agrsiv, e pou fini, li te koumanse tire kou sou ofisyèl ki tap kalme li a. Li pat arete li, men li te fèmen li nan kacho kazino a e li te rele mari li pou vin chèche li.

Nan demen maten, Àn te wont anpil, vizibman repanti, men yon ti jan a la defansif. Wi, li te wont, men yon pati nan li te vle jistifye ke peche li a pat tèlman grav. Li tap di ke, poutèt kazino yo te gen kacho, sa demontre ke se yon peche komen. Anplis de sa, ofisyèl la te kite l soti nan pwoblèm nan; èske zanmi kretyen li yo pa ta fè menm bagay la?

Èske legliz la dwe ekskomilge yon adik tankou Àn ki moutre kèk sinyal rankin de adiksyon an ak konsekans li yo?

EVALYE PECHE A

Kretyen yo ka pa dakò si ti jwèt aza de youn oubye de dola ka konsidere tankou peche. Kote ke pifò kretyen va dakò se jwe gwo kantite lajan ki se yon admisnistrasyon pòv e plen ak peche de resous ke Bondye bannou, sitou si se yon bagay abityèl. Ak tout sekirite, klas abitid sa a, se dezi idolat pou jwenn kèk bagay pou anyen kap motive sa. Anplis de sa, li posib pou ke yon abitid konsan anpeche kretyen an bay ofrann jenerezman nan legliz li oubyen a moun ki nan bezwen yo. E ak tout sekirite, sa moutre fyasko pou renmen pwochen ou tankou tèt pa ou (kilès ki ta va pouse vwazen li pou jwe gwo kantite lajan?).

Peche Àn nan te klè e abityèl e sa tap domine li. Santiman risk la te parèt agreyab men, anplis de sa, li te bali yon souf de reyalite a e li te fèl santi l enpòtan (jan li te admèt sa a). Se kòmsi sa te ka demontre abilite li sou chans ak mond lè li tap genyen jwèt la. Àn te devlope klèman yon zidòl pou sansasyon pou konkiste risk la e pou jwenn yon bagay pou anyen.

Se menm jan de sousi a, si Àn tap chèche refij nan bwè alkòl lè premye zidòl la pat fonksyone. Anplis de sa, karaktè piblik alkolism li ak konpòtman vyolan li te moutre ke zafè temwanyaj kretyen an pat entérese li ak yon kè ki te trè di.

EVALYE REPANTANS LAN

Reyalite a se ke, lè apèl telefonik la te rive a, pwosè disiplinè a te gentan gen kèk ane an mach sou Àn. Avètisman yo te rive. Estrikti pou rann kont la te gentan nan plas li. Men Àn te chèche mwayen pou bliye estrikti yo. Pafwa li te sanble repanti, men li te tounen nan peche li a ankò, tankou chen ki tounen nan sa li te vomi an (Pr. 26:11). Pwoblèm nan te sanble pi grav nan chak okazyon, tankou move lespri ki soti sèlman pou tounen ak sèt pi mal pase l (Mat. 12:44-45).

Erezman, li te deside pou lite kont peche a, e li te pwomèt sa ankò apre dènye epizòd la. Sètènman, li te repanti nan deman. Men lè ansyen yo te debat sijè a, yo te rann yo kont ke sa pat bezwen yon kè rejenere pou repanti nan yon swa kote li te pèdi kèk mil dola, li te sou, li te tire kou sou yon ofisyèl polis e fèman nan yon kacho.

Gen twa detay ki te sanble pwoblematik: frekans kwasans jwèt aza a, jan kè li te di nan epizòd ki fenk pase kote li te sou e agresiv, e jan ke pwomès li te sanble ak pwomès tout lòt moun yo ke li te tande anvan sa. Yon ansyen te dekri evenman an tankou gout dlo ki fin plen gode a. Tout ansyen yo te dakò ke pawòl li yo pat kwayab ankò (chap. 3 ak 4). Estrikti moral yo pou rann kont la ak konsèy pastè yo pat pwodwi fwi, e bagay yo tap vin pi mal.

Pwòp mari li te apèn kwè nan pawòl repantans madanm li, ke li te menm rive di ke li ta apwiye desizyon pou ekskomilge li, non paske li pa renmen l, sinon presizeman paske li te renmen li (entr.).

Konklizyon

Nan dimanch apre midi apre apèl telefonik polis la, ansyen yo te rekòmande ekskominyon imadyat pou Àn sou baz ke li jwe aza serye api li te sou piblikman. Se pou premye fwa ke anpil nan legliz la te konnen de pwoblèm nan, e kèk moun tap mande si li pa ta pibyen pou tout legliz la ta avèti li anvan pou yo ekskomilge li. Men ansyen yo te eksplike ke patwon an te kontinye, jis rive nan bout pou tire kou sou ofisyèl polis, yo te mete legliz nan pozisyon kote li pat kapab konfime repantans Àn ak entengrite, omwens pou yon tan (chap. 3). Yo te anvi pou wè ke Àn te ka demontre repantans li nan mwa pwochen yo, moman kote ansyen yo ta kapab reafime pwofesyon la fwa li (chap. 5) ak jwa e responsanbilite.

Mari Àn nan te prezante delibereman nan reyinyon manm nan. Li te vle pou kongregasyon an konnen ke li te dakò ak ansyen yo, li te vle pou Àn konnen tou ke li te dakò ak desizyon legliz la, pou anyen pat diminye seryezite ke aksyon ekskominyon an ta moutre madanm li.

Kongregasyon an te deside mete Àn deyò ak yon sèl vòt kont.

TRANSGRESÈ KI PARÈT NAN NOUVÈL YO

Madi maten ansyen legliz yo vin konnen nan nouvèl lokal yo ke yo te arete Jozèf anba akizasyon ke li te vòlè nan travay li a. Atik la te di ke pandan yon peryòd senk ane Jozèf te ranje li pou vòlè plizyè santèn de mil de dola. Jozèf te deklare tèt li inosan devan tribinal la e devan yon ansyen tou nan yon konvèzasyon prive.

Èske peche Jozèf la egzije yon karatè piblik pou legliz la ekskomilge li imedyatman?

EVALYE PECHE A

Vòlè plizyè santèn de mil de dola pandan plizyè ane-pandan li te manm legliz-endike yon gran komodite ak peche a ak yon kè ki pwofondman di e san onè. Sa a se yon peche delibere e de premye degre.

EVALYE REPANTANS LAN

Anba limyè entansyon peche a, tan li ke dire a ipokrizi li a, legliz la kapab deside rezonableman ke li pa kapab konfime pwofesyon de fwa moun nan, e se poutèt sa, li rive sou ekskominyon imedyat. Yon moun konsa te ka repanti, men li ta difisil pou legliz la konnen li repanti tout bon. Sa ki pi pwobab se ke peche malvèsyon an ak ipokrezi a endike yon karakteristik enpètinan (chap.3 ak 4).

Men konklizyon sa a presipoze ke Jozèf koupab e li te deklare tèt li inosan. Anplis de sa, tribinal la pot ko pwononse santans. Ansyen yo pat vle ke desizyon jidisyèl legliz la te gen mwens fondman ke desizyon tribinal la (chap. 1). E yo pat vle ekskomilge yon nonm ke finalman tribinal la ta jwenn inosan.

KONKLIZYON

Piske kongregasyon an te gentan konn sa pa mwayen nouvèl, ansyen yo te konnen ke yo te dwe di legliz la kèk bagay. Poutèt sa, ansyen yo te dakò pou:

Tann desizyon tribinal la anvan pou yo prezante yon pwopozisyon fòmèl.

Kominike kongregasyon an ke sa se te pwosè aksyon li.

Mande kongregasyon an pou priye e moutre lanmou a Jozèf ak fanmi li, pandan yap tann nan.

E de manyè prive, yo te envite Jozèf pou kontinye asiste sèvis dimanch yo, pandan yo tap di li ke si li te koupab pou l pat patisipe nan Sent Sèn nan. Yo te sipoze ke si li te koupab li pa tap pran konsèy la, men yo te dwe di li sa malgre tout bagay.

WOZO A

Se yon manman ki te leve Àn, san papa, kote manman an te genyen anpil zanmi santimantal, pifò ladan yo te maltrete toule-de. Pandan li tap sonje ak lapenn yon figi patènèl estab, Àn, te etabli yon patwon seksyèl nan adolesans li pandan li tap kouche ak gason e li te kite yo abize li tou. Li te devlope abitid patolojik de otodestriksyon ak yon grangou egzajere tou.

Pandan li te nan fakilte a, Àn te etabli zanmitay ak yon gwoup kretyen, konpanyon etid ki te sousi pou li.

Nan yon tan pandan tan sa a, li te koumanse konsidere tèt li tankou kretyen e li te batize. Legliz li tap preche levanjil la, men pifò predikasyon yo se te sipèfisyèl e legliz la, apèn tap chèche si-pèvize manm li yo. Pifò moun ki te asiste nan sèvis yo pat rekonèt youn ak lòt, Àn tou. Li te pran yon bon tan anvan li te tounen tonbe ankò nan vye patwon peche seksyèl la ak otodestriksyon an.

Lèl te fini etid li, Àn te koumanse asiste nan yon lòt legliz kote yo te preche Bib la ak fidelite e yo te pran zafè manm nan o serye. Yo te resevwa li tankou manm. Pandan pifò tan li, li te rete apa, men finalman li te antre nan yon ti gwoup fanm kote li te admèt jan li te sèl, e pou sipriz yo, li te konfese peche seksyèl li.

Yon jou, ansanm ak yon ti gwoup manm ki tape de li, li te prezante nan biwo pastè a li te konfese ak dlo nan je, nivo aktivite seksyèl li pandan dènye mwa yo.

Èske yo dwe ekskomilge Àn? Èske yo dwe rann kont de antesedan familye li nan pase?

EVALYE PECHE A

An jeneral, fònikasyon an mete pwofesyon de fwa kretyen an dout, espesyalman lè se yon peche ki etabli tankou nan ka Àn nan. Nan premye pa li yo tankou kretyen, Àn te konnen vagman konsa ke sa li tap fè a te mal, men legliz li a pa sanble te pran peche o serye. Lidè gwoup kretyen nan fakilte a te konn bay anpil blag e lòt manm yo te konn ap pèdi tan. Àn te pran sa tankou ekskiz pou fèmen konsyans li.

Sepandan, santiman ipokrizi ak konviksyon peche a te grandi pandan li tap asiste nan lòt legliz la. Menmsi patwon seksyèl la ak nesesite afeksyon an te pwofon, otodestriksyon an te bali san-sasyon tanporè pou padon peche seksyèl li a.

EVALYE REPANTANS LAN

Patwon peche Àn nan se te yon gwo pwoblèm, men premye pa ke li te fè yo pou repantans te bon (chap. 3). Nan premye lye, yo pat dekouvri li, sinon ke limenm menm te mete peche li yo devan tout moun. Dezyèman, li te rakonte ti gwoup la sa, e apre sa, ak anpil wont, li te rakonte pastè ke li te respete a sa, ke li te apèn rekonèt. Twazyèman, li te dakò pou reyini ak manm konsèy legliz la. E pou fini, menmsi li te di pastè a ke li ta prefere pou pa di ansyen yo sa, li te di pastè a tou, ke si te li deside fè sa, li ta va respekte desizyon li paske li konnen ke se pou pwòp byen li. Àn pat janm a la defansif nan okenn moman (cahp. 3) e sanble ke li tap lamante pase li kote li tap aspire yon demen miyò.

Otodestriksyon an te pwoblematik nan sans ke sa te montre yon konpreyansyon pòv de levanjil la. Malgre sa, desizyon pou mete toude peche sa yo devan tout moun san li pat okipe sa tap koute li pèsonèlman, te di anpil de repantans li.

FAKTÈ KONPLEMANTÈ

Pase familye a ten gen anpil enfliyans nan kouman pastè a te avlye sitiyasyon an. Evalyasyon li te ka diferan si fanm nan te konfese yon peche konsa, apre li te grandi nan yon fanmi nan legliz la, e apre li te travay aktivman nan kèk ministè kretyen.

KONKLIZYON

Pastè a te deside prezante sitiyasyon an devan kò ansyen yo e li te rekòmande pou pa ekskomilge li. Li te pataje istwa Àn nan pou tande opinyon yo, e tou, pou ansyen yo te konnen kouman pou pran swen wozo sa a. Pat gen okenn aksyon fòmèl ki te reyalize.

₁ Wozo a se yon fason pou defini trèt enjis anvè yon moun ki parèt fèb, e ki prèske kase. Sa baze nan pwofesi mesyanik Ezayi 42:1-4 (N. del T.).

MANM KI PA ASISTE LEGLIZ LA

Yo te resevwa Jozèf tankou manm legliz la nan janvye, li te asiste iregilyèman pandan sis mwa epi li te sispann asiste definitivman. Pandan tan ke li te asiste a, li te konn rive ta nan reyinyon yo, li te konn ale anvan ke yo fini e li pat janm gen yon zanmi. Yon ansyen te resi manje ak li nan fevriye e li te eseye pwograme lòt rankont. Men Jozèf te bloke yo tout nan dènye moman, nòmalman ak yon bagay konsa: ˝mwen gen yon bagay ijan pou m regle nan travay la. Dezole!˝. Aparàman okenn lòt moun pat rekonèt Jozèf nan legliz la.

An septanm, ansyen an te rann li kont ke li pat wè Jozèf depi nan jen e li te deside tounen rele li. Li te kite yon mesaj pou li nan mesajri a. Kèk semèn apre, li te tounen kite lòt mesaj pou li nan mesajri a, e li te voye yon mesaj sou e-mail bali tou. Jozèf pat reponn okenn nan mesaj yo. Yo te pase plizyè mwa san sinyal Jozèf. Nan mwa sa yo, yo te voye youn ou de mesaj anplis bali. Lè bagay la te rive nan pwen sa a, ansyen an te eksplike lòt ansyen sitiyasyon an, ke de ladan yo te ofri tèt yo pou rele Jozèf oubyen ekri li sou e-mail. Apre kèk lòt reyinyon ansyen, non Jozèf te parèt ankò e tout moun te di menm bagay la, ke yo pat wè Jozèf, ni yo pat konn anyen de li nan wit mwa.

Èske yo dwe ekskomilge Jozèf? Pou ki peche egzakteman?

EVALYE PECHE A

Nou ka dekri peche Jozèf la plizyè fason. Yo te ka kalifye sa tankou yon vyolasyon a kontra kretyen an poutèt li te pwomèt pou resevwa obligasyon ak legliz lokal sa a. Yo te ka kalifye sa tankou afimasyon pou renmen Bondye lè lap rayi frè ak sè li yo nan legliz la, pandan lap fè neglijan konplètman ak relasyon li ak yo (1 Jan 4:20-21). Pi konkrètman, Jozèf tap dezobeyi kòmandman Ebre 10:24-25, kote nou li: ¨Annou konsidere nou youn lòt pou ankouraje lanmou an ak bon zèv yo; pou nou pa sispan reyini, tankou kèk nan nou gen abitid, sinon pandan nap egzòte nou youn lòt; e plis, lè nou wè jou sa a tou prè¨. Otè liv Ebre a òdone kretyen yo pou reyini regilyèman pou yo ka egzòte yo youn lòt, epi ankouraje lanmou ak bon zèv, ki se yon lòt fason pou konpli ak de pwen anvan yo. Otè a sinyale jou jijman an tou tankou yon benefis pou ke sa dwe fèt la. Nan lòt mo, yo pran sa vrèman o serye.

Peche non asistans legliz la pa, trè mwens, tèlman odasye tankou adiltè a. Sepandan, se yon peche nòmalman ki kache lòt peche oubyen, omwen, li mennen al nan lòt peche. Anplis de sa, peyi tankou Eta Zini (ak lòt) plen ak kretyen nominal ki plen levanjil la ak move renonmen paske legliz yo pat pran responsabilite yo ak manm yo ki pa asiste legliz la.

Plis ankò, si dwa manm legliz la baze nan konfimasyon piblik eklezyal pwofesyon de fwa yon moun, non asistans manm nan pwovoke ke legliz la pa kapab konpli ak obligasyon li yo. Legliz la pa ka kontinye afime ak entegrite ke lap sipèvize pwogram disip moun sa a. poutèt sa, ekskominyon an mete bagay yo nan plas yo yon fason efikas. Se konsa ke legliz la di: "Nou pa kapab reponn pou moun sa a, motif la se ke nou pa pral kontinye konfime pwofesyon la fwa li" (chap. 2)

EVALYE REPANTANS LAN

Piske Jozèf pat vle reponn mesaj yo ni apèl telefonik ansyen yo, pat gen lòt fòm pou evalye fwi repantans lan, sinon ke pou di ke pat genyen.

KONKLIZYON

Malgre sa, ansyen te deside pa koumanse ekskominyon an imedyatman. Nan plas sa, yo te deside di legliz la sa, pou ka itilize langaj Matye 18 la (chap. 1). Se poutèt sa, nan pwochèn reyinyon manm yo, ansyen yo te ekspoze ka Jozèf la devan kongragasyon an e yo te eksplike ke, si anyen pat chanje, nan pwochèn reyinyon regilyè-ki pwograme nan de mwa pi ta-yo va pwopoze ekskominyon li poutèt non asistans li a. Yo te ankouraje ke nenpòt moun ki ta gen zanmitay ak Jozèf pou yo te ka rele li oubyen pou te voye yon mesaj pa e-mail ba li. Yo te pwofite opòtinite a tou pou pou ansenye kongregasyon an poukisa asistans legliz la enpòtan konsa.

Ansyen yo te retade pwosè ekskominyon an pou de mwa, omwen, poutèt senk rezon (chap. 4). Premyèman, konsa yo tap bay plis tan pou pwouve repantans Jozèf, selon lojik Matye 18. Dezyèman, sa tap bay zanmi Jozèf yo tan-nan ka ke li te gen zanmi ke ansyen yo pat rekonèt-opòtinite pou jwenn ak li pou mennen Jozèf nan repantans. Twazyèman, sa te elimine faktè sipriz ki akonpanye inevitableman pwosè ekskominyon imedyat la. Anpil fwa, Satan itilize faktè sa a pou ronje konfyans ke jèn mouton yo ki pa gen matirite genyen nan lidè yo. Katriyèman, se te dènye resous pou jwenn mouton sa a ki pèdi a. E senkyèm rezon, sa te bay kongregasyon an opòtinite pou priye sèlman pou Jozèf.

De mwa apre, yo te kontinye san okenn nouvèl Jozèf. Ansyen yo te pwopoze ekskominyon an. Tout kongregasyon an te dakò.

Chapit 11

MOUN KI PA MANM KI ASISTE LEGLIZ LA FIDÈLMAN MEN KI DIVIZE LI

Àn ak mari li te asiste legliz li pandan ven ane. Legliz la pat pratike dwa manm nan fòmèlman pandan pifò nan tan sa a e yo pat janm resevwa ni Àn ni mari li tankou manm. Malgre sa, yo toude te mele aktivman nan tout bagay, soti sou òganize manje pou fanm ki manman pou premye fwa, jis rive sou ansenye nan lekòl dimanch. E se raman pou yo te pèdi yon dimanch.

Àn se te yon moun ki te renmen tripotay trè aktiv. Sanble ke se limenm ki te toujou rann li kont de pwoblèm moun marye yo, difikilte ekonomik lòt moun, e menm pwoblèm lòt moun ki genyen timoun adolesan rebèl.

Gen yon lòt pastè ki te rive e li te mete an pratik yon sistèm dwa manm ki pi ekilibre ak prekosyon, pifò legliz la te asepte san difikilte. Men Àn ak mari li pat asepte. Lide pou siyen yon bagay ki gen pou wè ak kristyanism yo te anbete yo. Yo te konn bougonnen: ¨legliz la se yon fanmi!¨, e ¨kilès ki ta fè manm yon fanmi siyen yon dokiman pou di ke li fè pati fanmi an?¨.

Pandan plizyè ane, lòt pastè a te reyalize kèk lòt chanjman ke Àn ak mari li pat resevwa ak kè kontan, pa egzanp, aplike prensip ki di ke sèlman manm yo te ka ansenye nan lekòl dimanch oubyen dirije lòt ministè, tankou ospitalite ke legliz apwiye a. Koup la tap sanble resantiman, espesyalman Àn.

Yon jou, Àn te wè pastè a nan youn nan dènye koulwa yon makèt ki tap pale ak yon jèn fanm atraktiv ki se pat madanm li. Àn te lwen, men li panse ke li te wè pastè ap touche zèpòl fanm nan e fanm nan te reyaji ak yon rèl moun egare. Àn pat sèten, men li te koumanse di zanmi li yo ke li tap fè sousi pou pastè a, paske, sanble li te gen yon mennaj, e ke li te bezwen lapriyè. Rimè a te koumanse gaye e finalman li te rive nan zòrèy ansyen yo.

Nan koumansman, Àn pat trete bagay la dirèkteman ak pastè a oubyen ak lòt ansyen yo. Sepandan, lè ansyen yo te di li pou sispann tripotay la e pou eskize li devan zanmi li yo, li te deside konfwonte pastè ak madanm li ofisyèlman. Nan nivo sa a, Àn te sèten ke pastè a reyèlman vre te genye yon relasyon deyò maryaj li. Ansyen yo te mande li si li te ka mennen yon temwen pou apiye akizasyon li a (1 Tim. 5:19). Li pat kapab e, malgre sa, li pat vle rektifye. Lè ansyen yo te avèti Àn de posibilite ekskominyon pou difamasyon e kreye divizyon, li te reponn ke yo pat gen otorite pou ekskominyon li paske li pat manm legliz la.

Èske legliz la ka ekskominyen yon moun ki pa manm? Ki prensip ki ka ede deside lè fo temwayaj yon moun-ki desizif-te janbe limit e ki vin yon bagay ki merite pinisyon?

EVALYE PECHE A

Pandan nap baze nou nan evidans lan, li klè ke Àn te koupab pou, omwen twa peche: fo temwayaj, divizyon e rezistans pou soumèt devan ansyen yo. Jezi ak apot yo te dekri fo temwayaj la tankou peche (Mat. 15:19; Ef. 4:31; 1Pyè 2:1). Apre tout bagay, fo temwayaj la kapab detwi repitasyon e, posibleman, soutni yon frè oubyen yon sè nan Kris, anplis de sa, li pwodwi iziyon nan legliz. Pòl egzòte nou tou pou rele dèyè moun kap lakoz divizyon de fwa e apre sa pou nou fè fid li (Tit 3:10). Divize legliz la se yon bagay trè serye. E pou fini, Ekriti yo egzije ke kretyen yo pou soumèt devan lidè yo (Ebre 13:13).

Akizasyon Àn nan te baze nan ensidan makèt la e nan youn ou de detay anplis ki pat genyen enpòtans. Malgre sa, de ansyen te envestige bagay la san fè bri e yo te rive nan konklizyon ke akizasyon yo te konplètman fantezi. Yo te mande Àn pou sispann akize pastè a, omwen pandan kat okazyon, men li pat vle.

AVALYE REPANTANS LAN

Yo te kontinye ap pale ak Àn pandan sis ou sèt semèn anplis, men yo te wè klèman ke li pat rektifye. Li te vin pi solid sou pozisyon li nan chak konvèzasyon e li te koumanse ap mete sèl ak epis sou sa li te wè nan makèt la. Zanmi li yo ki te konn apwiye li nan koumansman an te koumanse ap elwaye yo de li. Sanble sa te fèl vin pi fache e pwovoke li pou chèche alyaj nan jenn manm ki pa gen matirite yo.

An rezime, ane ke Àn te pase nan legliz la-e administre ladan li-, te vle di ke li te kretyen. Men sanble ke dènye mwa yo te kraze tout bagay sa yo (chap. 3). Yo tout moun ansanm, ansyen yo te dakò ke Àn tap komèt twa peche ke nou te dekri anvan yo e ke pat gen okenn evidans repantans. Fwi yo te mal e bagay la tap vin pi mal.

FAKTÈ KONPLEMANTÈ YO

Gen yon faktè ki konplike sitiyasyon an, se ke Àn pat manm legliz la. Teknikman, li te gen rezon: li pat janm soumèt li fòmèlman devan otorite kongregasyon an e se poutèt sa legliz la pat genyen otorite pou ekskomilge li (chap. 2 ak 3).

Nan menm tan an, pifò moun te rekonèt li e yo te estime li poutèt tout eksperyans li nan legliz la. Anplis de sa, anpil moun te kwe ke Àn te manm. Gen kèk ladan yo ki te menm santi yo dwe li kèk bagay pou jan ke li te fè sousi pou yo, pa egzanp, manman premye fwa yo ke li te envite al manje. Nan yon sans, se te tout sa yon manm te ka ye, sof pou peche a. Konbinasyon asistans legliz la, zanmitay yo, ak patisipasyon nan Sent Sèn Senyè a, te temwaye menm jan tou, a sila yo ki anndan e sila yo ki deyò ke legliz la te konfime pwofesyon la fwa li.

KONKLIZYON

Fo temwayaj la ak divizyon an ka difisil pou evalye, men piske aksyon Àn yo te konpli plizyè kondisyon ansyen yo te deside trete sa tankou peche:

- Li te fè afimasyon ke li pat ka pwouve ni ak evidans ni ak temwen.
- Li te refize sispann fè akizasyon malgre yo te dil pa fè sa.
- Li te koumanse ap fè lòt manm kesyone, mete anba sispèk e menm kritike lidèchip la.
- Li tap fòme lòt gwoup aktivman pou fè menm bagay la ak li.
- Konpòtman li te vin yon distraksyon ke tout moun te wè nan lavi legliz la. Bagay la te toujou parèt nan konvèsayon manm yo. Sa te gaspiye tan ansyen yo. E manm yo te afime ke sa te afekte kapasite pou tande mesaj yo.

Poutèt sa, ansyen yo te konkli ke fanm sa a se te yon lou e Bib la òdone pastè yo klèman pou avèti twoupo a kont lou yo-kit se manm kit se pa manm-(Ak 20:28-31; cf. 2Pyè; Apo. 2:20-29). Poutèt motif sa a, ansyen yo te entèdi Àn an prive pou patisipe nan Sent Sèn nan jiskaske li repanti piblikman e, nan yon reyinyon manm, yo te preveni kongregasyon an de fo temwayaj ak divizyon ke Àn tap lakoz yo. Yo te di legliz la tou pou yo pat trete li tankou kretyen, e pou yo te evite tonbe nan pyèj kowonpi e destriktiv li yo.

li pat manm legliz la, ansyen yo te deside pa pwopoze okenn mezi bay kongregasyon an, yo pat itilize tou mo *ekskominyon an* (chap. 3). Nan plas sa, yo te di legliz la ke entèvansyon yo tankou ansyen te dwe konsidere tankou yon travay ansèyman e avètisman, ki te gen otorite an vèti de kisa sa te vle di pou chèf legliz (Ak 20:28-31).

MOUN KI RENONSE DWA MANM LI POU PA KA RESEVWA DISIPLIN

Jozèf te divòse ak madanm li apre ven ane maryaj. Li te gentan gen yon bon pozisyon ekonomik e sa li te posede yo de demontre sa pwogresivman. Lè yo te mande li poukisa, li te di ke limenm ak madanm li te distansye, e yo sèlman te pataje menm kay la. Madanm Jozèf te dakò ak tristès, men li pat vle divòs la.

Anpil nan zanmi Jozèf yo te priye li pou pa kontinye ak desizyon li a. Finalman, yo te envite youn nan pastè yo, ki te mansyone mo disiplin eklezyal nan yon reyinyon de karannsenk minit. Yon semèn pi ta, Jozèf te voye yon lèt demisyon bay legliz la. An menm tan an tou, li te prezante tout dokiman nesesè pou divòs li a.

Èske yo dwe ekskomilge Jozèf? Èske yon manm legliz ka evite disiplin nan poutèt li renonse a dwa manm li a?

PANDAN NAP EVALYE PECHE A

Kretyen yo pa fin dakò de si Jezi ak Pòl pèmèt divòs la pou koze tankou enfidelite ak abandon (cf. Mat. 19:9; 1 Kor. 7:15), men pifò kretyen yo dakò ke kretyen pa kapab devòse lejitiman de madanm li pou rezon ke Jozèf te di yo. Jan de aksyon sa a se ta va yon vyolasyon de kontra maryaj la ke Bondye etabli, e poutèt sa, se peche.

Anplis de sa, yon peche tankou sa a-espesyalman lè yo te bay anpil avètisman-ta va klè, entansyonèl e de premye degre. Li ta sanble brize pwofesyon la fwa moun nan imedyatman.

PANDAN NAP EVALYE REPANTANS LAN

Repantans nan yon ka konsa ta va genyen yon sèl koulè: sispann kontinye ak divòs la. Men Jozèf pat sanble ke li ta pral abandone desizyon li.

FAKTÈ KONPLEMANTÈ YO

Jozèf te eseye evite ekskominyon an pandan li te demisyone nan dwa manm li. Èske sa lejitim? Non. Nan obeyisans a Kris, kretyen yo dwe soumèt yo devan konfimasyon legliz lokal la ak sipèvizyon li tou. (chap. 2). Moun yo ini yo a legliz yo pou konsantman legliz lokal la e yo renonse tou pa konsantman menm legliz la. Sa vle di ke yon moun pa ka antre legliz la pou di: *Mwen se manm.* Kèlkeswa politik yon legliz, yo tout genyen kèk mwayen pou pwouve pwofesyon la fwa moun nan pou konfime li. Sa a se egzakteman motif ki fè Jezi te bay legliz apostolik yo kle Wayòm nan. Li vre ke dwa manm legliz la volontè nan mezi ke Jezi pa oblije nou pou chwazi kèk legliz anvan lòt, men li oblije nou chwazi yon legliz. E nan menm fason ke yon moun pa ka fè tèt li manm poukont li, li pa ka defèt sa nonplis poukont li. Manm legliz yo pa ka pran devan menas disiplin legliz la ak yon senp demisyon (chap. 2), piske fen relasyon sa a-tip kontra-bezwen konsantman toulede pati yo. Si yo pèmèt yon aksyon konsa, ata kapab ronje objektif Jezi lè li te bay legliz lokal yo kle Wayòm nan pou egzèse disiplin nan. ata va menm bagay si yo kite yon kriminèl ki anban arestasyon renonse a sitwayènte li pou evite akizasyon ak kondanasyon an.

KONKLIZYON

Ansyen yo te deside pou pa mande legliz la pou fè anyen de demisyon an. Nan plas sa, yo te pwopoze ekskomilge Jozèf sou baz divòs la. Piske aksyon Jozèf yo-apre anpil avètisman-te yon endikasyon de enpètinans karakteristik, e piske desizyon divòs li se te yon reyalite etabli e legalize, ansyen yo te pwopoze kongragasyon an pou ekskomilge Jozèf imedyatman (chap. 3 ak 4). Legliz la te dakò e yo te vote pou mete Jozèf deyò nan la Sèn Senyè a.

---

1 Pou yon etid pi laj sou tèm sa a, ou kabab li atik mwenan The Preemptive Resignation-A get out of Jail Free Cards? (Demisyon prevantiv la: Èske se yon pèmisyon gratis pou soti nan prizon?), pa Jonathan Leeman, nan 9Marks.org. www.9markes.org/ejournal/preemtive-resignation-get-out-jail-free-card

MOUN KI FENK ABANDONE LA FWA A

KONTÈKS

Àn te grandi nan yon fanmi ki pa relijye. Nan fakilte a li te etidye filozofi e li te defini tèt li tankou agnostik. Enben li te konvèti an deyis. Apre sa li te ale nan boudism Zen nan. Finalman, li te koumanse ap soti ak yon kretyen e li te desite konvèti an kretyen. Lè yo te fini etid yo koup la te marye e yo te afilye nan yon legliz.

Sou senk ane maryaj, Àn te koumanse ap doute la fwa li e finalman li te deside ke menmsi Jezi te yon figi istorik, li pat resisite vrèman vre nan lamò. Apre plizyè rankont ak yon ansyen pou diskite dout li yo, li te deside ke sa ta pi bon si li renonse a la fwa li, mande pou wete dwa manm li e pou sispann rele tèt li kretyen.

Èske legliz la dwe ekskomilge yon moun ki di li pa kretyen ankò?

KONKLIZYON

Lè Àn te fin pran desizyon li, pastè a te rekòmande li pou repanti, pandan li tap konseye li, men li pat rekòmande a lòt ansyen yo ekskominyon li, e lòt ansyen pat rekòmande sa bay kongregasyon an nonplis. Angiz de sa, yo te eksplike ke Àn te renonse a la fwa li e li te rele tèt li enkredil, e ke yo ta pral efase non li nan lis non manm yo, non tankou yon aksyon ekskominyon, sinon, selon sa li te mande a.

Rezonman ansyen yo se te: Jezi te bay legliz lokal la otorite ak kretyen yo, non ak enkredil yo (chap. 2). Poutèt sa, legliz la pat vrèman gen otorite pou aji nan ka sa a. Anplis de sa, Pòl di ke jijman legliz la se pou moun yo ki rele frè (1 Kor. 5:11), e Àn pat fè sa ankò.

San okenn dout, anpil sitiyasyon de dezvyasyon doktrinal enpòtan e de apostazi ta egzije ekskominyon, tankou Pòl eksplike Timote (1 Tim. 1:18-20). E ak tout sekirite, efè etènèl desizyon Àn yo pa mwens tèrib ke sa Pòl prevyen pou sila yo ¨rejte la fwa ak bòn konsyans la, pandan yap fè nofraj nan la fwa¨ (v. 19). Anplis de sa, sitiyasyon ke Pòl abòde ak Timote a genyen blasfèm aktif tou (v. 20), ke prèske pa definisyon, genyen esè konsyan pou kowonpi manm legliz yo. Zafè Àn nan pat sanble ak sa.

Ansyen yo, te di ke yo pa ta pral pwopoze kongregasyon an pou pran okenn aksyon, nan menm fason ke sa fèt lè yon manm mouri. Nan toude ka sa yo, dwa manm nan disparèt. Ansyen yo te bay kongregasyon an enstriksyon pou chèche zanmitay Àn, envite li lakay yo pandan yap trete li tankou nenpòt lòt enkredil epi evanjelize li.

MANM FANMI KI EKSKOMILGE A

KONTÈKS

Yo te fenk ekskomilge madanm Jozèf la pou adiksyon jwèt aza a (cf. Ka reyèl nan cha. 7). Jozèf te dakò ak desizyon legliz la men, apre sa, li te li Bib li e li te dekouvri ke Pòl di: ¨piga nou menm manje ak moun konsa¨ (1 Kor. 5:11).

Madanm Jozèf te trè fache pou desizyon legliz la e li te santi ke yo pa apresye li poutèt desizyon mari a lè li te vote an favè kongregasyon an. Sepandan, li pat panse abandone Jozèf, ni Jozèf nonplis (1 Kor. 7:12-14). Menmsi ke Jozèf tap mande kounye a si li ta dwe sispan manje totalman ak madanm li.

Kouman manm fanmi an ta dwe trete yon moun ke yo te ekskomilge?

KONKLIZYON

Nan yon rankont prive, yon ansyen te eksplike Jozèf ke selon Ekriti yo li te oblije renmen, sèvi e pran swen madanm li, e menm bay lavi li pou li tankou Kris te fè pou Legliz la (cf. 1 Kor. 7:14-15; Ef. 5:25-30). Ansyen an te separe kreyasyon enstitisyon maryaj la, ak la gras pa mandanm nan, de enstitisyon redanmtè legliz lokal la de gras espesyal la menm. Poutèt madanm Jozèf te ekskomilge sa pat anile obligasyon maryaj li yo.

Ansyen an te eksplike li ke, an jeneral, manm yon fanmi moun ki anba sanksyon dwe kontinye konpli ak responsabilite lavi familye a (cf. Ef. 6:1-3; 1 Tim. 5:8). San dout, sa gen ladan l tou devwa timoun yo pou manje ak paran yo, oubyen mari yo pou fè menm bagay la tou ak madanm yo.

Malgre sa, aksyon ekskominyon legliz la mete yon lòt responsabilite nan Jozèf e nan kouman li relasyone li ak madanm li. Kòmandman Pòl kote li òdone manm legliz yo pou pa manje ak manm ekskomilge yo, konpli, omwen ak twa objektif: pwoteje kretyen yo de ledven peche a; evite ke manm ekskomilge yo panse ke legliz la konsidere yo tankou kretyen; e pwoteje renonmen legliz la nan kominote a. Nan jou legliz primitiv yo, pataje manje ak yon moun te vle di te moutre pwolongasyon kominyon an, de swen ak pwoteksyon (se pou sa lidè relijye yo pat vle wè Jezi ap manje ak pibliken yo ak pechè yo). Se poutèt sa Pòl pat vle ke manm legliz yo te relasyonen yo ak manm ekskomilge yo nan okenn fason kote yo te ka eksprese klas kominyon kretyen sa a.

Pou rezon sa a, Jozèf te bezwen jwenn ekilib ant demontre lanmou li pou madanm li-de fòm romantik tou-e sèvi li, pandan li te byen klè pou ke li pat ka fè anyen pou fè madanm li konprann ke li konsidere li tankou kretyen. O kontrè, li dwe kontinye ankouraje li sou chemen la fwa a ak repantans.

Twazyèm pati

KOUMANSE DISIPLINE

ANVAN OU DISIPLINE, ANSENYE!

Mark Dever, yon pastè ak eksperyans e yon avoka ke yo rekonèt nan zafè disiplin eklezyal, koumanse yon atik de tèm disiplin nan ak pawòl inespere sa yo: "Pa fè sa! Sa a se premye bagay ke mwen di pastè yo lè yo dekouvri disiplin legliz la na Bib la-mwen di yo--Pa fè sa, omwen kounye a!"[1].

Poukisa yon moun ki konsidere disiplin eklezyal la tankou youn nan karakteristik legliz ki an sante koumanse ak konsèy sa a? Mark Dever imajine yon pastè kit ande pale de disiplin nan pou premye fwa. Nan koumansman, lide a sanble ridikil pou pastè a. Men li gade nan tèks biblik yo e li vin konvenk. Li rann li kont ke li te neglijan. Li pat pwoteje legliz ni repitasyon Kris. Li pat renmen mouton li yo ni vwazen emkredil yo. Konviksyon an te vin konvèti an rezolisyon e pastè desede kontinye. Mak Dever kontinye pou di:

> Lè ou rive sou pwen sa a, yo konn afyanse yon rezolisyon enteryè endestriktib. ¨Mwen va kongregasyon sa a pou vin biblik ak zafè sa a menmsi se dènye bagay ke mwen fè¨. E se konsa, trè souvan.

Zèklè ki gen pouvwa disiplin eklezyal la eklate nan lavi pasifik ak bon entansyon yon kongregasyon inosan ki kwè nan Bib la! Se kapab yon mesaj. Se kabap yon konvèzasyon ant pastè ak dyak la. Se kapab yo pwopozisyon ki yo te prepare presizeman pou yon reyinyon manm. Men sa eklate kèk kote, li akonpanye nòmalman ak yon gran zèl ak yon kolonn tèks biblik.

> Enben, yo te pran desizyon sensè a.
> Enben, konsekans yo, rive: mal antandi yo vin parèt e santiman yo afekte. Akizasyon yo reziste. Yo atake e defann peche a. yo site non moun yo. Vin gen anpil move pawòl! Senfoni kongregasyon an vin konvèti an yon kakofoni diskisyon ak akizasyon. Moun yo pwoteste: ¨Kilè tout bagay sa yo va fini?! Èske ou pasen ke ou pafè? ¨[2]

San dout, leson istwa a se ke li nesesè pou swiv yon kantite pa anvan ke pastè yo kontinye ak pratik disiplin eklezyal fòmèl la.

Nan chapit sa a nou pral konsidere sa ke pastè yo bezwen ansenye. Nan pwochen chapit la nou va konsidere kèk bagay ki ta bon pou etabli nan òganizasyon an.

ANSENYE SOU SENTETE AK REPANTANS

Pou ke konsèp disiplin ekezyal genyen sans pou legliz la, kongregasyon an dwe genyen yon konpreyansyon solid de levanjil la e kisa kretyen vle di, jan mwen te moutre sa nan pwològ la ak nan chapit 2 a. Kretyen pa vle di sèlman pou pran yon desizyon nan yon moman; sa trete de yon fwa ak yon repantans ki pwodwi yon lòt sistèm de desizyon. Sa trete de soumèt devan Kris tankou Senyè.

Bondye vle pou pitit li yo pa sanble ak mond lan. Li vle pou yo viv yon lavi ki sen e ki klere kont peche a. Se sa repantans lan vle di. Repantans lan pa vle di ke moun nan te sispann peche, men wi, sa vle di ke li te deklare peche lagè. Kongregasyon an dwe konprann bagay sa yo anvan pou yo pretann konprann disiplin eklezyal la.

ANSENYE DE DWA MANM NAN

Legliz la pa va prè pou mete yon moun deyò kongregasyon an a mwens ke li konprann ke genyen yon deyò ak yon anndan. Bib la klè: sila yo ki se manm kò Kris la (1Kor. 12:27) e sila yo ki deyò (1 Kor. 5:12). Si kongregasyon an pa konprann sa, konsèp pou mete yon moun deyò a va sanble trè ridikil.

An konkrè, legliz la bezwen konpran ke dwa manm legliz la se pa tankou dwa manm yon club oubyen nenpòt lòt òganizasyon imanitè. Nap pale de sitwayènte yon Wayòm kote yo konfime nou tankou anbasadè ak yon espès anbasad ofisyèl ki rekonèt nou, ki se legliz lokal la. Kretyen yo tankou endividi pa gen otorite-menm kote yo konnen ke yo se kretyen-pou prezante tèt yo devan lemond pou di: "Tande lemond, mwen ak Jezi", pandan lap batize tèt li limenm menm e pran la Sèn Senyè a. Non, se legliz la ki gen otorite sa a pa mwayen pouvwa kle yo.

Kisa dwa manm nan ye? Se konfimasyon piblik ke legliz la fè de pwofesyon de fwa yon moun nan Jezi e se desizyon yon moun pou soumèt li devan sipèvizyon legliz la. Lè legliz ou koumanse konprann sa, konsèp disiplin eklezyal la va koumanse genyen plis sans.

Sa ede moun yo konprann tou poukisa yo pa genyen otorite senpleman pou ro demisyone de dwa manm nan lè disiplin nan menase yo. Moun yo afilye a legliz la pa mwayen otorite legliz la e yo kite legliz la pa mwayen otorite legliz la.

ANSENYE DE PWOGRAM DISIP LA

Tankou nou te wè nan premye chapit yo, pwogram disip la tankou disiplin nan enplike ansenye e korije. E pwogram disip sa a va genyen plas an prive e kolektif tou.

Poutèt sa, kongregasyon yo bezwen konprann ke yon pati nan disip Kris la vle di pou konnen kouman pou aksepte koreksyon de lòt disip Kris e pou yo ansenye ou tou. Pastè yo bezwen anime manm legliz yo pou konstwi relasyon youn lòt kote koreksyon an ak ansèyman an se bagay nòmal. Yo dwe ansenye ke yon moun ki fondamante nan levanjil la dwe aprann kouman pou resevwa koreksyon e kouman pou pratike li ak dousè. Gason ki pi aje ak gason ki pi jèn. Fanm ki pi aji ak fanm ki pi jèn.

Disiplin eklezyal fòmèl la genyen plis sans lè responsabilite pou rann kont la tipifye relasyon pèsonèl yo nan legliz la. Si se pa konsa, pwopozisyon pou avanse sou aksyon fòmèl disiplin nan va sanble k esa te soti nan anyen.

ANSENYE DE TWONPE TÈT

An pati, pwogram disip la egziste paske moun yo-kretyen yo tou-kapab twonpe tèt yo. Sa a se motiv ki fè apòt yo avèti kwayan yo anpil fwa pou yo *pa twonpe tèt yo* (1 Kor. 6:9; Gal. 6:7; Jak 1:16). Pòl di: ̈Piga pèsonn twonpe tèt li ̈ (1 Kor. 3:18) e nan lòt plas: ̈men move moun yo ak twonpè yo, sa va pi mal pou moun sa yo, pandan yap twonpe e yap twonpe yo tou ̈ (1 Tim. 3:13). Li fasil pou nou di ke nou pa gen peche e se konsa, ̈nap twonpe tèt nou ̈, selon Jan (1 Jan 1:18). Menm pwòp dezi nou yo ap ̈twonpe nou ̈ (Ef. 4:22).

Kretyen ki bliye ke yo kabab twonpe tèt yo vin ògeye otomatikman e yo vin sou chemen rapid pou ale nan jistifikasyon farizayik la. Solisyon an: resevwa disiplin nan. Mande pou yo korije ou. Aksepte repreyansyon an. Sa a se chemen pou rive nan imilite ak sajès.

An pati, legliz lokal yo egziste pou pwoteje nou de noumenm menm. Se frè ak sè nan alantou nou yo-ki renmen nou e ki angaje ak byennèt nou-ki ede nou pou wè bagay yo ke nou paka de nou menm menm.

Sa a se leson ke pastè yo dwe ansenye semèn apre semèn nan bon tan, pou legliz la ka prepare pou lè tan difisil yo rive.

ANSENYE DE DISIPLIN NAN

Yo dwe ansenye legliz la de disiplin eklezyal la a travè pasaj ki pi enpòtan yo nan tèm sa a, tankou Matye 18 ak 1 Kor. 5. Sèmon yo, ti gwoup yo ak bilten legliz la, se mwayen natirèl pou jan de ansèyman sa a.

Men pastè yo dwe aprann tou kouman pou aplike lòt pasaj nan Ekriti a nan tèm disiplin ak dwa manm nan (lè sa apropriye). Pa egzanp, pasaj ki di *pou sen paske Bondye Sen* nan 1 Pyè genyen aplikasyon endividyèl ki klè, men li gen aplikasyon tankou kò tou: si pitit Bondye dwe sen, noumenm tankou legliz nou dwe fè prokosyon ak kimoun nou resevwa ak kimoun nou mete deyò tankou manm legliz la.

Konsa tou, konsidere pasaj yo nan Levanjil selon Jan an ak Epit yo sou lanmou ki mennen a lobeyisans lan. Pasaj sa yo pa sèlman genyen aplikasyon endividyèl sinon kolektiv tou: kouman nou aprann nan legliz nou pou renmen pi byen youn lòt? Pandan nap ede youn lòt pou obeyi e pandan nap korije youn lòt ak sansibilite lè nou pa obeyi. Korije yon frè nan Kris ki dezobeyisan-lè sa fèt pa mwayen motif kòrèk yo-se yon ak de lanmou. Èske ou kwè l konsa?

Prèske nenpòt tèks nan Bib la ki pale de sentete, repantans, konvèsyon, Rèy Kris la ak pwogram disip la (pou pa mansyone tèks ki touche tèm ki laj nan istwa redanmtè, tankou limit propiyete Izrayèl oubyen egzil), yo kapab aplike fasilman nan limyè disiplin nan.

Pastè yo dwe ansenye manm legliz yo yo tou sou objektif disiplin nan. Legliz yo pa dwe egzèse disiplin nan pou byen vanjans, sinon pou byen levanjil la. Nan chapit 1 an nou konsidere ke disiplin nan bon pou ekspoze peche ki bay kansè a, pou avèti de yon gran jijman final kap vini, sove pechè a, pwoteje lòt manm legliz yo e moutre yon bon temwayaj Kris (ke yo tout se ak lanmou).

ANSENYE DE LANMOU

Enben, disiplin legliz la trete bazikman de lanmou. Senyè a disipline sila yo ke li renmen (Ebre 12:6). Se menm bagay la tou ak legliz li a.

Pwoblèm nan se ke, jodi a, pifò moun yo genyen yon pwen de vi santimantal de lanmou: lanmou tankou veyikil pou fè ou santi w espesyal. Oubyen yo genyen yon pwen de vi womantik de lanmou: lanmou tankou veyikil pou pèmèt manifeste tèt menm san yo pa jije ou. Oubyen yon pwen de vi konsomist: lanmou tankou veyikil pou rankontre moun ki konplemante ou a pafèt-man. Nan lespri jodi yo, lanmou pa gen anpil bagay pou wè ak la verite, sentete ak otorite.

Men sa a se pa lanmou nan Bib la. Lanmou nan Bib la sen. Li reyalize demand. Li pwodwi obeyisans. "Li pa pran plezi nan enjistis, men li rejwi nan verite" (1 Kor. 13:6).

Jezi di nou ke si nou kenbe kòmandman li yo, nou rete nan lanmou li (Jan 15:10) e Jan fè nou sonje ke si nou kenbe Pawòl li, lanmou Bondye a va pafè nan nou (1 Jan 2:5). Kouman manm legliz yo ede yo youn lòt pou rete nan lanmou Kris e pou chèche pèfeksyon lanmou Bondye a nan yo tout? Pandan yap ede youn lòt pou obeyi e kenbe Pawòl li a, a travè ansèyman ak koreksyon.

Legliz ki konprann lanmou biblik la genyen yon opòtinite pi gwo pou konprann disiplin eklezyal la.

₁ Don´t do it! Why You Shouldn´t Practice Church Discipline! (Pa fè sa! Poukisa ou pa dwe pratike disiplin eklezyal la), pa Mark Dever, nan 9Marks.org.
http://www.9marks.org/journal/dont-do-it-why-you-shouldnt-practice-church-discipline
₂Ibìd.

ANVAN POU DISIPLINE, ÒGANIZE!

Prepare legliz la pou egzèse disiplin nan genyen tou, anpilf fwa, kèk bagay plis ke ansèyman. Sa gen ladan l tou kèk chanjman òganizativ. Kite m moutre ou kat tèm ki fè referans sou òganizasyon an.

SE POU GENYEN DOKIMAN LEGLIZ YO AKTYALIZE

Gen kèk legliz ki genyen odenans. Gen lòt ki genyen enstitisyon. E lòt ki genyen konfesyon la fwa ak règ eklezyal. Nenpòt dokiman ke legliz la genyen, legliz yo ki nan oksidan va sèvi manm yo pi byen si yo asire ke dokiman yo eksplike:

Kisa yo ka espere de manm yo nan relasyon ak doktrin nan e konpòtman an.

Kouman estrikti otorite legliz la fonksyone.

Ki règ yo aplike-nan sikonstans nòmal-nan aseptasyon ak ekspilsyon manm yo.

Kouman disiplin eklezyal la fonksyone nan sikonstans ekstraòdinè.

Se yon ak de koutwazi pou pèmèt ke moun yo konnen ki règ yo dwe respekte anvan disiplin nan rive. Yon konfesyon de fwa pèmmèt yo konnen kisa yap espere ke yo kwè. Yon règ eklezyal pèmèt yo konnen yo espere ke yo dwe viv. Yon konstitisyon pèmèt yo konnen kouman dwa manm nan ak disiplin nan fonksyone.

Dokiman sa yo fè pwopagann pou inite. Dokiman kote nou tout dakò, sa evite ke legliz la genyen kontwovès de metòd oubyen règ yo chak fwa ke genyen yon dezakò.

ASIRE OU KE OU GENYEN BAZ LEGAL YO BYEN ETABLI.

Lè ou gen dokiman yo aktyalize sa ede tou pou genyen baz legal yo byen etabli pou egzèse disiplin eklezyal la nan yon sosyete ki trè litijye. Yo te demande legliz yo ak siksè akoz disiplin eklezyal la.[1]

Youn nan manyè ki pi efikas pou preveni diskisyon sa yo se lè ou adopte nòmativ biblik eksplisit ki dekri yon jan konpreyansif jan legliz ou a egzèse disiplin nan ak manm enpètinan yo. E youn nan defans yo ki pi efikas kont nenpòt diskisyon se kon konsant-man ki pakte. Pou asire defans sa a, legliz la dwe kapab pwouve devan yon tribinal ke moun nan ki denonse li a, an reyalite, te konplètman enfòme de règ yo ak pwosediman legliz yo, e ke li te konsyan ke yo te limite li.

Anplis de chèche pou ke pwosè disiplinè a klè nan konstitisyon oubyen òdenans yo, legliz la dwe ansenye pwosè disiplin nan de manyè eksplisit nan klas ki pou manm yo.[2]

KENBE REJIS OFISYÈL MANM YO AKTYALIZE

Pou ka egzèse disiplin nan legliz la ou dwe konnen kimoun ki fè pati legliz la. Gen kèk ane de sa, yon zanmi mwen te asepte pòs pastè prensipal nan yon legliz entènasyonal nan Mitan Lwès. Lè li te rive la, te genyen kòm sis san moun ki te asiste, men yo pat ko aktyalize rejis ofisyèl manm yo. Sèl bagay ki te genyen se te yon lis nimewo telefòn yo ki te genyen yon santèn non e anyen ankò. Li te rezime sitiyasyon an konsa: "Nou pat konnen kilès nou te ye". Ni limenm, ni okenn moun nan legliz la, te konnen konsanti pou dwe rann kont bay kò legliz la. Legliz la te fidèl nan predikasyon. Li pat fidèl nan egzèsis kle yo a travè batèm nan, Sent Sèn, oubyen disiplin eklezyal la.

Kisa ki ta pase si zanmi mwen an te eseye nan moman sa a, pote devan legliz la yon ka disiplinè? Pwosè a ta kapab kraze nan plizyè pwen: moun yo akize a ta ka di ke li pa anba otorite legliz la; lòt lidè nan legliz la ta ka dakò; e lòt asistan yo pa ta konnen si ta dwe patisipe pou pran yon desizyon oubyen non.

Lòt legliz yo genyen yon pwoblèm diferan a sa ke zanmi m nan Mitan Lwès la. Yo genyen yon lis ki depase, pou anpil, nimewo asistan an (twasan ki asiste; mil nan rejis la). Li difisil pou egzèse disiplin nan ak entegrite nan yon ka konsa. Kouman legliz la ka disipline yon moun ki pa asiste, lè li pa disipline lòt 699 yo?

An definitiv, majorite fwa yo, lidè legliz yo dwe òganize rejis ofisyèl manm yo anvan pou egzèse disiplin nan. An jeneral, lis manm yo dwe genyen ladan l moun yo ki asiste nan reyinyon ebdomadè legliz la (gen eksepsyon: sila yo ki limite lakay yo oubyen nan lopital akoz maladi, militè yo ke yo voye lòt kote, etc.).[3]

ASIRE OU KE LIDÈ YO DAKÒ

Pou fini, li enpòtan pou asire ke lidèchip legliz la konplètman dakò ak disiplin eklezyal la, nan prensip yo tankou nan aplikasyon an. Si youn nan pastè yo oubyen ansyen yo plante akizasyon an pandan ke lòt yo fè bak sou sa, paske yo doute de yon prensip oubyen yon aplikasyon, rezilta a se va divizyon legliz la. Se poutèt sa, si pastè a dwe ansenye tout legliz la sou disiplin nan-tankou nou te wè nan dènye chapit la-li dwe ansenye kò pastè yo anvan.

Pou koumanse pratike disiplin nan legliz la, sa kapab okazyone diskisyon. Nan ka yo, kote nonm nan va vle rete zepòl ak zepòl ak lidè ki gen matirite ki gen menm konviksyon ak li.

1paj web Peacemaker Miniistries se yon sous ekselan de resous nan tèm sa yo: www.peacemaker.net (an anglè); e www.peacemaker.net/espanyòl (an espanyòl)

2Ou kapab wè atik: Informed Constan: Biblical and Legal Protection for Church Discipline (Konsantman enfòme: pwoteksyon biblik e legal pou disiplin eklezyal la), pa Ken Sande, nan 9Marks.org. www.9Marks.org/ournal/informed-consent-biblical-and-legal-protection-church-discipline

3Si ou bezwen oryantasyon de kouman pou fè sa, ou kapab konsilte atik sa yo: Cleaning Up The Rolls e Cleaning Up teh Rolls (part 2): The care List (Pandan nap netwaye lis yo e pandan nap netwaye li yo (dezyèm pati): Lis sila yo ki nan swen), pa Matt Schmucker, nan 9Marks.org._
www.9marks.org/ejournal/cleaning-rolls
www.9marks.org/ejournal/cleaning-rolls-part-2-care-list
Ou kapab konsilte tou: Why We Disciplined Half Our Church (Poukisa nou disipline mwatye legliz nou an), pa Mark Dever, nan Leadershipjournal.net
www.christianitytoday.com/le/2000/fall/16.101.html

KONKLIZYON

Prè pou koumanse?

Yon fòmilè pou ede pastè a

Lè pastè legliz ke mwen pa rekonèt mande mwen si yo dwe koumanse displine, mwen poze yo kesyon sou sitiyasyon detay menm. Menmsi mwen repase avèk yo tou, yon fòmilè ki sanble anpil ak soutit dènye chapit yo. Swa pa telefòn oubyen an pèsòn, nòmalman mwen repase yon lis konsa ak yo:

YON FÒMILÈ POU EDE PASTÈ A AK DISIPLIN EKLEZYAL LA

Ansèyman

1. Èske kongregasyon ou a enyen yon konpreyansyon de levanjil la ki genyen ladan l repantans, obeyisans ak Rèy Kris la?

2. Èske legliz ou egzèse dwa manm nan ak prekosyon? Èske kongregasyon ou a konprann otorite legliz la ak apèl pou ede youn lòt pou rann kont pou la fwa yo? Èske manm legliz yo pratike responsabilite sa a an prive?

3. Èske yo konprann ke pwogram disip kretyen an genyen ansèyman koreksyon ladan l tou?

4. Èske yo konprann ke yo ka twonpe tèt yo e pou rezon sa a-ak lanmou epi sajès-Bondye te mete lòt kretyen nan lavi yo?

5. Èske ou te ansenye legliz la de disiplin eklezyal la? Yon fwa oubyen nan divès okazyon? Èske lòt pwofesè te gen opòtinite pou ansenye tou, swa nan lekòl dimanch oubyen nan ti gwoup? Èske legliz la sanble resevwa li tankou yon bagay biblik?

Estrikti

6. Èske pratik disiplin nan ranmase dokiman legliz yo? Èske yo ansenye manm yo ke yo pratike disiplin nan se lè yo afilye a legliz la? Èske yo ansenye yo pou pale ak yon ansyen si yo chanje opinyon nan kèk zafè deklarasyon de fwa yo? Èske yo kwè yo dwe rann kont si yo pap viv selon prensip biblik yo?

7. Pou di sa lòt fason: Legliz ou a genyen baz legal ki byen etabli e adekwa? Èske ou ka demontre yon konsantman enfòme?

8. Èske rejis ofisyèl manm ligliz ou a genyen moun yo ke ou preche lè dimanch?

9. Èske gason nan ekip pastoral ou yo konprann disiplin nan, èske yo dakò ak sa e wè enpòtans li?

Sitiyasyon an konkrètman

Si se premye fwa ke legliz la te egzèse disiplin nan, èske sa relativman senp? An rezime, de peche an kesyon an, èske ou panse ke tout legliz la va dakò ke li konplètman deyò nan yon moun ki reprezante Kris?

ERÈ YO KE PASTÈ YO KOMÈT LÈ YO DISIPLINE

Pastè yo, pafwa, komèt erè sa yo nan sa ki gen pou wè ak disiplin fòmèl legliz la:

1. Yo pa rive ansenye kongregasyon yo kisa disiplin eklezyal la ye e poukisa yo dwe egzèse li.
2. Yo pa rive egzèse yon dwa manm responsab, ki genyen: (1) Ansenye moun yo kisa dwa manm nan enplike anvan afilye a legliz la. (2) Anime vizitè yo pou afilye a legliz la. (3) Entèvyouwe ak prekosyon tout moun ki vle afilye legliz la. (4) Sipèvize regilyèman tout twoupo a. (5) Kenbe yon lis manm yo aktyalize ki moutre ak presizyon kimoun ki asiste nan reyinyon ebdomadè yo.

3. Yo pa rive ansenye kongregasyon yo de konvèsyon biblik la, espesyalman, nesesite pou repanti.

4. Yo pa rive ansenye nouvo manm yo, lè yo afilye legliz la, de posibilite disiplin eklezyal la e ke yo pa aksepte demisyon prevantiv.

5. Yo pa rive pwouve dokiman piblik legliz (òdenans yo, konstitisyon yo, prensip eklezyal yo, etc.), genyen pwosè disiplin eklezyal la, poutan, pandan yap mete legliz la anba yon risk legal.

6. Yo pa rive swiv pa Matye 18 oubyen 1 Korentyen 5 (depann de sikonstans lan). Pa egzanp, nan ka Matye 18 la, komèt erè nan pa koumanse pwosè a pandan yap konfwonte peche a an prive.

7. Yo mal kalkile ak ki rapidite yo dwe koumanse disiplin fòmèl la, pafwa yo ralanti sou pa yo, e pafwa yo presipite nan jijman yo.

8. Yo pa rive ansenye kongregasyon an byen e eksplike poukisa yon ak disiplinè konkrè nesesè.

9. Yo eksplike twòp detay de yon peche konkrè, ke yo rekòmande disiplin, pandan yap fè manm fami an e pwovoke ke mouton ki fèb yo tribiche.

10. Yo abòde pwosè disiplin nan eksklizivman tankou yon pwosè legal, san panse sou pran swen kè moun enpètinan an.

11. Yo bay mwens atasyon a diferans ki genyen ant tip pechè yo e kouman sa enfliye sou konbyen tan legliz la va pèmèt yon patwon pechè anvan pou kontinye ak lòt nivo displin nan (cf. 1 Tes. 5:14).

12. Yo bliye ke yomenm tou yo viv anba mizerikòd ke levanjil la bay, nan jan sa a, yo aplike disiplin nan depi yon pozisyon farizeism. Gen lòt erè ki sòti nan move pozisyon sa a tankou, pa egzanp: yon ton ki twò sevè e frèt.

13. Yo pa rive renmen pechè a vrèman vre…. Paske yo pa sipliye Senyè a pou repantans li.

14. Yo egzije wozo a ak mèch kap boule a twòp. Nan lòt mo, kondisyon pou repantans lan twò wo pou yon moun ki te anba esklavaj peche.

15. Yo pa rive enstwi kongregasyon an kòrèkteman sou kouman pou relasyone ak pechè enpètinan an, pa egzanp: pou relasyone ak li nan yon kontèks sosyal oubyen kouman pou chèche repantans li.

16. Yo pa rive anime moun ki anba disiplin yo pou kontinye asiste reyinyon legliz yo pou ka kontinye koute pawòl Bondye a (pandan yap sipoze ke pa okenn menas, ni domaj penal). Yo rive eksplike legliz la non plis ke tout moun ta dwe dezire ke moun ki disipline a kontinye asiste nan reyinyon yo.

17. Yo lage tout responsabilite pou dirije pwosè a sou zepòl yon sèl moun, pastè prensipal la, pandan yap pwovoke pou moun yo gen tantasyon pou akize pastè a de vanjans pèsonèl.

18. Yo pa rive genyen sifi relasyon pastoral ak lavi kongregasyon an, tèlman ke ansyen yo pa konnen eta mouton yo. Ensifizans sa a nan disiplin fòmativ la va febli abilite legliz la pou egzèse displin korektiv la.

19. Yo pa rive ansenye pawòl Bondye a yon fason konstan e regilye.

20. Yo kite kongregasyon an abòde yon ka disiplinè ak yon lespri retribisyon ki nan erè, angiz avèk dezi lanmou pou avèti pechè pètinan an de jijman Bondye kap vini an.

21. Yo aplike disiplin nan pou rezon kip a biblik (jwèt kat, dans, ect.).

22. Yo aplike disiplin nan pou nenpòt bon motif; mwens pou byen moun nan, byen legliz la, byen kominote kap obsève yo a ak glwa Kris la.

LIS PASAJ BIBLIK YO

2 TESALONISYEN
3:6
3:14-15
1 TIMOTE
1:18-20
1:19
1:20
3:13
5:8
5:19
2 TIMOTE
3:5
TIT
3:10
EBRE
10:24-25
12:6
12:10
12:11
13:17
JAK
1:16

1:19
1 PYÈ
2:1
3:1-2
4:8
4:10
2 PYÈ
1 JAN
1:8
2:5
4:1-3
4:20-21
2 JAN
9-10
10
10-11
3 JAN
5-8
9-10
JID
20-21
APOKALIPS
2:20-29

Made in the USA
Monee, IL
09 May 2023

33371422R00095